资助项目：贵州省中药现代化重大专项（黔科合重大专项字[2012]6010号）
贵州省科技创新人才团队建设项目（[2015]4012号）
贵州省高层次创新型人才培养项目（[2016]5666号）

贵州省太子参产业发展现状及技术分析

孙 超 张珍明 林昌虎 编著

科学出版社
北 京

内 容 简 介

本书对贵州省太子参产业研究现状进行分析，利用现代 3S 技术与区域规划相结合，着重对贵州省太子参产业进行了详细的技术分析，形成了包括太子参种质资源开发利用技术、太子参栽培技术、太子参生产与流通技术和太子参产品综合利用技术几大方向的技术路线图，为广大种植企业与参农提供了标准化种植的技术指导和保障。

本书可作为实验参考书，供从事土壤学、生态学、环境科学和农业资源与利用等领域的科技工作者、研究生与本科生等使用，也能为决策者提供参考。

审图号：黔 S（2020）009 号

图书在版编目（CIP）数据

贵州省太子参产业发展现状及技术分析/孙超，张珍明，林昌虎编著. —北京：科学出版社，2020.10

ISBN 978-7-03-066216-3

Ⅰ. ①贵… Ⅱ. ①孙… ②张… ③林… Ⅲ. ①孩儿参–产业发展–研究–贵州 Ⅳ. ①F326.12

中国版本图书馆 CIP 数据核字(2020)第 179668 号

责任编辑：罗 静 岳漫宇 / 责任校对：郑金红
责任印制：吴兆东 / 封面设计：刘新新

科学出版社 出版
北京东黄城根北街 16 号
邮政编码: 100717
http://www.sciencep.com

北京建宏印刷有限公司 印刷

科学出版社发行 各地新华书店经销

*

2020 年 10 月第 一 版 开本：B5 (720×1000)
2020 年 10 月第一次印刷 印张：7
字数：141 000

定价：108.00 元

(如有印装质量问题，我社负责调换)

《贵州省太子参产业发展现状及技术分析》
编写人员名单

（按贡献大小排名）

孙　超　贵州省中国科学院天然产物化学重点实验室　研究员

张珍明　贵州省生物研究所　研究员

林昌虎　贵州医科大学　研究员

洪　江　贵州科学院　副研究员

张家春　贵州省植物园　副研究员

蒋　影　贵州省植物园　副研究员

熊　雪　贵州省生物研究所　研究实习员

牟桂婷　贵州省生物研究所　研究实习员

吴先亮　贵州省生物研究所　研究实习员

林绍霞　贵州省分析测试研究院　副研究员

刘　红　贵州产业技术发展研究院　工程师

前　言

中共中央、国务院印发的《中国农村扶贫开发纲要（2011—2020年）》，国务院转发的八部委制定的《中药现代化发展纲要》，国家中医药管理局、国务院扶贫开发领导小组办公室（简称国务院扶贫办）、工业和信息化部、农业部、中国农业发展银行联合发布的《关于印发中药材产业扶贫行动计划（2017—2020年）的通知》，贵州省委、省政府颁布的《关于推进中药现代化科技产业发展的若干意见》等，都明确要求把中药材产业作为特色产业加以培育壮大。国务院的《关于进一步促进贵州经济社会又好又快发展的若干意见》（国发〔2012〕2号）明确将贵州建设成全国扶贫开发攻坚示范区、全国特色轻工业基地，积极推进中药材基地建设，为贵州省中药材产业发展提供了千载难逢的机遇，并提出要支持建设现代化的中药材批发市场，为贵州省突破了中药材市场建设的政策瓶颈。而《贵州省中长期科学和技术发展规划纲要》（2006—2020年）、《贵州省中药材种植发展规划》（2010—2020年）、《贵州省“十二五”特色农业发展专项规划》、《贵州省中药材产业发展扶贫规划》（2011—2015年和2016—2020年）、《贵州省健康养生产业发展规划》（2015—2020年）、《贵州省新医药产业发展规划》（2014—2017年）等相关规划的制定，为贵州省中药市场营造了良好的背景，奠定了贵州省中药材产业茁壮发展的基础。

近年来，在贵州省委、省政府的坚强领导下，围绕推进农业供给侧结构性改革，充分发挥资源、生态和产业优势，贵州省把中药材产业作为扶贫产业、生态产业、富民产业、大健康产业来重点打造，并根据市场需求与产业基础，培育了天麻、太子参、金钗石斛、白芨等20个优势品种，打造了安龙白及、施秉太子参等一批万亩连片种植的基地和21个亿元产值的品种，建设了25个省级中药材产业园区，形成了一批重要中药材产业集聚区，开展了40个品种的绿色生产技术标准制定工作，推进了中药材标准化生产。

根据贵州省农业产业脱贫攻坚监测调度系统提供的数据，2018年全省中药材总面积达684.2万亩[①]，总产量157.5万t，总产值132.2亿元，全省有近900家中药材种植企业和合作社，天麻、太子参、铁皮石斛、金钗石斛等46个品种的规模上万亩。其中太子参在2018年的人工种植面积达33万亩，产量8.7万t，总产值22亿元，位列全省中药材总产值第一位。其中黔东南苗族侗族自治州（以下简

① 1亩≈666.7m²

称黔东南州）人工种植面积最大，以施秉与黄平为中心，而以施秉太子参最为出名，主要集中在施秉县牛大场镇。太子参是我国近年来发展较快的中药材品种，需求量一直呈上升趋势，为可再生资源。随着太子参的大量应用，研究者围绕太子参的各个方面开展了大量的研究。目前太子参作为一种常用中药材，了解其药理，深度开发其药用、食用价值，以及加强对其优良品种的选育，进而进行规范化种植的推广，显得尤为迫切。

太子参又名孩儿参、童子参，是石竹科孩儿参属异叶假繁缕［*Pseudostellaria heterophylla* (Miq.) Pax ex Pax et Hoffm.］的干燥块根，为滋补类中药材。太子参具有益气健脾、生津润肺等功效，常用于治疗病后体弱、脾虚体倦、肺燥喉干、小儿消瘦等病症，是人参乃至西洋参的最佳替代品，老少皆宜。因其具有出色的医疗和保健作用，太子参产品可在临床医学、食疗保健和化妆护肤等多个方面应用，市场价值巨大。2012 年黔东南州人民政府以政府令的形式颁布了《黔东南苗族侗族自治州施秉太子参管理办法》，对黔东南州太子参的种植、加工、经营等方面进行了规范，申请并获批《地理标志产品　施秉太子参》DB52/T991—2015 地方标准，这些工作为贵州省太子参产业的发展奠定了良好的基础。

本书梳理了从太子参作为中药材原料以来的包括生产、流通、市场、应用开发多方面的历史变迁，并对现有太子参产业市场进行了评价分析。本书总结了太子参相关领域发表的论文及申请的专利，反映了近年来各研究者对太子参产业的关注，突出了太子参在中药材市场上不可撼动的地位，尤其是太子参作为“非典”和甲型 H1N1 流感中药预防的首选用药，更是推动了太子参的科学研究及太子参产业的发展。本书对太子参基础研究成果进行了汇总、整理并分析了该产业的市场形势，方便读者快速了解太子参产业的发展历程。

本书着重对贵州省太子参产业进行了详细的技术分析，形成了包括太子参种质资源开发利用技术、太子参栽培技术、太子参生产与流通技术和太子参产品综合利用技术几大方向的路线图，为广大种植企业与参农提供了标准化种植的技术指导和保障。此外，本书在撰写过程中得到中国科学院文献情报中心（国家科学图书馆）的大力支持。

孙　超　张珍明　林昌虎

2019 年 6 月

目　　录

第一章　太子参产业发展现状

第一节　太子参种植的历史变迁及现状评价

太子参始载于清代吴仪洛的《本草从新》（1757 年），随后赵学敏的《本草纲目拾遗》（1765 年）也有记载，认为所指的太子参应均为五加科人参之小者。但自从有太子参之谓称和运用始，可能已有药商为利所驱，用当地石竹科孩儿参诈冒人参者，托言“太子参”。至新中国成立初，市场上既有人参之小者又有孩儿参同时作为“太子参”，后因石竹科孩儿参确实具有部分类似人参的功效，遂逐渐摆脱伪品的地位而成为一个独立的新兴中药品种。

20 世纪 50 年代，太子参被列为山东省的省管药材，在临沂市开始引种驯化与大面积试种，临沭县则形成以提供太子参种苗为主的经营模式。早期江苏省中医院以太子参替代人参制成“参味合剂”，用于治疗神经衰弱，在镇江、江宁等地也有一定的引种栽培经验。20 世纪 60 年代末，在药材公司的推动下，在福建省闽东山区开始引种太子参，至 80 年代太子参的种植逐步成为当地山地资源开发利用的支柱产业。1973 年安徽宣城以洪林镇、棋盘乡为基地，试行太子参野生变家种，至 1991 年扩种面积达 5000 余亩，后期还通过组培选育出适宜中东部地区种植的种源并推广，使太子参成为安徽省的重点地产品种之一。1992 年贵州省施秉县自福建省柘荣县引种栽培太子参，经过 20 多年的引种栽培，已经成为全国太子参的主产区之一，现在贵州施秉、安徽宣城和福建柘荣是太子参的主要产区，由于太子参从种植到采收 7～8 个月，属于短期可快速扩种的药材，近几年四川、湖南、江西、广西、重庆等地也有栽培试种。

第二节　太子参的主要产区和市场主体

太子参喜欢生长在温暖湿润的环境中，怕高温，分布于华东、华中、华北、东北和西北等地，药材主要产于福建、贵州、江苏、山东、安徽等地。虽然在全国均有太子参种植，但目前太子参的生产实际上主要集中在三个产区，分别是贵州施秉、福建柘荣和安徽宣城。截止到 2013 年年底，这三个地区种植生产的太子参合计产量预计超过了全国的 90%，其中又以福建柘荣产量最大，贵州施秉次之，而安徽宣城最小。

福建柘荣有250多年的太子参生产历史，被称为“中国太子参之乡”。其产量也是三个主产区中最高的，2004年时种植面积已经达到2.6万亩，产量2600t。目前其总种植面积稳定在2.5万亩。

施秉牛大场镇是贵州黔东南州太子参生产的核心区，也是全国太子参集散中心，全国有三分之一以上的太子参都是在这里交易。贵州黔东南州太子参种植始于20世纪50年代，其产量占全国的1/3，据统计，2011年其总种植面积就已达6万亩，2013年种植太子参8.3万亩，上市交易量达5000余吨，产量占全国二分之一，交易金额达6.35亿元，成为全国最大的太子参生产基地之一。2014年，施秉太子参规范化种植8.35万亩。截止到2017年12月，贵州施秉、黄平两县的太子参种植面积接近10万亩，太子参总产量跃居全国第一。

而安徽宣城的太子参生产较福建柘荣和贵州施秉晚，从20世纪70年代开始，因而规模和产量也远小于柘荣和施秉，现常年种植面积为1.5万亩左右。

近30年来，太子参的年需求量从不足900t上升到约7500t，市场价格历经“破百冲四”的行情走势，成为中药材业内的一个明星品种，之后随着发展规模扩大、产能饱和，价格及产量逐渐平稳回落趋于稳定。

目前，在施秉经营太子参产业的企业有：贵州三元太宝实业股份有限公司、贵州省施秉县茂源生物资源开发有限公司、贵州昌昊中药发展有限公司、贵州百灵企业集团制药股份有限公司、贵州省施秉县经纬中药材开发有限公司和贵州省施秉县启发科技实业有限公司6家企业，中药材协会1家，中药材专业合作社3家，太子参种植大户36户、散户上万。太子参从一般中药材生产发展成为现代制药、保健品和食品工业不可缺少、不可替代的原料而大量投入生产，业已形成了施秉太子参种植、加工、储运、销售和研发等由企业、协会、农民专业合作社与科研院所构成的施秉太子参产业体系。

第三节　太子参的应用和产品

因为其出色的医疗和保健作用，太子参可以作为一种食药两用的药材，其大体可以应用于临床医学、食疗保健和化妆护肤三个方面，具体见表1-1。

表1-1　太子参应用领域及功效

应用领域	功效/用途				
临床医学	防治癌症	防治妇科疾病	防治心血管疾病	改善呼吸系统	治疗小儿腹泻
食疗保健	饮料补虚止渴	煲汤助产妇恢复	绿色食品	营养保健和功能食品	消食片
化妆护肤	护肤美容	护发			

在临床医学上，太子参因为富含人体必需的微量元素硒，所以具有防治癌症

等多种疾病的功效。太子参能使肝癌发病率降低 1/3～2/3，而且还有增强机体免疫力的功效，可以同时应用于肿瘤的辅助治疗。此外，太子参对妇科疾病也有一定疗效，当和其他药物组分一起使用时对慢性盆腔炎有很好的疗效。另外，太子参因为能改善心肌组织的氧化应激状态，所以有助于治疗心肌梗死导致的慢性心衰等心血管疾病。太子参对呼吸系统也有助益，和麦冬一起使用可以补肺并润肺养阴。最后，太子参在治疗小儿腹泻方面也有很好的疗效。

除了在临床医学方面的应用，因为太子参的主要成分符合作为食品和保健品的营养需求，所以也可以直接作为食品食用。太子参饮料既可补虚，又可在夏季的炎热天气生津止渴。太子参煲汤也是很好的食疗方，尤其对乳汁缺少的产妇有很好的作用。此外还可以通过真空膨化技术对太子参进行加工，这样不仅可以生产出可直接食用的产品，如很好地保存了太子参的天然风味的绿色食品“太子参脆”等，还可以在粉碎过筛后加工成各种食品添加剂，用于开发相应的营养保健和功能食品，也可以利用太子参有助于提高免疫力的药理作用开发黄芪太子参口服液等增强人体免疫力的保健品。最后，太子参还是健胃消食片类产品的主要组分，对由脾胃虚弱导致的消化不良和小儿食欲不好有很好的效果。

太子参在化妆品行业也有广泛应用。太子参除含有大量在其他植物中含量较少的有益于头发与皮肤护养的精氨酸和谷氯酸外，还含有丰富的皂苷、亚油酸、单甘油酯等，这些太子参提取物都是化妆品中常用于改善角质层的添加剂，均能起到润肤和滋发的作用，此外，太子参中含的铁、锰、锌、硒等微量元素有机物在化妆品中的应用也十分重要。

第四节　太子参市场价格和需求情况

一般认为 20 世纪 70 年代以前，太子参商品以野生为主。70 年代以后，太子参商品逐步以栽培为主。至 80 年代，发生过 3 次太子参的收购量大于需求量的情况，因此提出要均衡发展生产的建议，但该建议并未对市场和产业产生重大的影响。自 1985 年至今，太子参的市场行情经历了 3 次价格的高峰和低谷，相隔约 10 年。第 1 次是 1990 年 6 月产新前，市场的统货价格一度涨至 100 元/kg，1992 年 12 月回落至最低（6 元/kg）；第 2 次是 1998 年产新时，价格涨到 40 元/kg，至 1999 年 2 月，统货价格一度涨至 110 元/kg，后由于太子参产量和存货为需求量的 2 倍以上，价格回落至 2001 年 7 月的 9.5 元/kg；第 3 次是 2009 年产新后价格上涨，遭到人为炒作，高价统货涨至 370 元/kg 左右，选货达到 450 元/kg，一跃成为名贵药材。

由于太子参有过高价行情，而且高价持续近 3 年之久，因此种植面积盲目扩大，2013 年产量达到历史之最，也导致了价格大幅跌落，只是受高价惯性支撑，当年产新后价格只跌至 43～45 元/kg，到 2014 年随货源进入实际消化，供大于求的事实显现，价格进一步走低，4～5 月统货价格跌至 33～34 元/kg。太子参本该在低价运行 3～5 年或者更长时间，但是部分商家认为太子参从 300 多元跌至 30 多元，已是烂市行情，买货风险为零，于是纷纷入手买货囤积，太子参在低价不到两个月就触底反弹至 60 元/kg 左右。

太子参短期的价格反弹并未改变供大于求的事实，2015 年在 44～45 元/kg 平稳运行近一年时间。太子参有了低价减种利好，再次引起一些有闲余资金商家的关注，2016 年在多商积极参与买货的拉动下，太子参从 55 元/kg 逐渐涨至 120 元/kg 左右。随着太子参产新结束行情逐渐平静，货源进入实际消化后价格震荡回落至 90 元/kg 上下，购货者陷入尴尬之中。2017 年购货者购买时趋于理性，只有少数人逆市买货，太子参价格在交易时畅时缓的影响下，在 80～95 元/kg 反复涨涨落落。2018 年太子参没有了减种减产利好，购货商也多观望对待，价格在 75～85 元/kg 徘徊大半年，于年末岁尾掉到 55 元/kg。

虽然近几年太子参不断有减产的利好，但是药农种植积极性不减，累计积压的库存也拖累行情不能有新的突破。由于太子参总面积在逐年扩大，大户连获利回吐的机会都少。近几年买货者的成本价均在 80～90 元/kg，如今，面对生产过剩的压力，仅靠市场实际需求，恐怕难以出现大的行情，太子参大户和散户几乎全线套牢。

太子参周期性的价格波动，总体上讲是市场供求关系的体现，以及被人为炒作引起的偏差。市场价格过高，增加了太子参产业下游产品的成本，同时提高了种苗的价格，增加了种植的成本，刺激农民非理性地扩大种植面积，加剧后市的价格震荡。市场价格过低，无疑将打击农民种植的积极性，伤害种植户的利益。太子参原本是一个三小品种，20 世纪 80 年代全国年需求量约 500t，90 年代末全国年需求量约为 900t。在 2003 年抗击“非典”和 2009 年抗击“甲流”中，太子参在诸多配方中高频率出现，加深了人们对太子参的认识，在保健食品和民间食疗、煲汤、凉茶中得到普遍使用。至 2014 年，全国太子参的需求量增至 6000～7500t，表现出较强的需求增长。根据对贵州施秉专营太子参企业与大户的统计，2013～2015 年礼品包装的太子参药材销售达 250t，主要用于日常保健。《中华人民共和国药典》（简称《中国药典》）2015 年版中有 14 个成方制剂处方中含有太子参，涉及近 300 家企业。

第五节　太子参产业发展问题

太子参产业链较长，大体上由生产、流通和产品 3 个环节组成，每个环节又包含了多个技术方向。例如，生产环节涉及太子参的施肥、栽培和绿色农药等技术；流通环节涉及太子参采收、产地初加工、运输和储藏等；而产品环节则包括太子参的活性物质提取技术、深加工技术及药渣的综合利用技术。目前，全国的太子参产业链初步形成，但存在以下三个主要问题。

一是头重脚轻，处在产业链上游的种植业相对于加工、运输研发来说，显得过于庞大。目前太子参选育的品种主要有福建的柘参 1 号、柘参 2 号、柘参 3 号，贵州的黔太子参 1 号、施太 1 号，以及安徽的抗毒 1 号、宣参 1 号等。与人参、枸杞等药食同源的中药材相比，目前国内太子参产品类型和数量均比较有限，根据国家食品药品监督管理局的查询结果，目前仅有 3 种太子参药品、42 类太子参保健品获批准上市，开发利用远落后于太子参的种植和生产，这种不均衡性显然不利于整个产业的发展。

二是生产栽培模式传统化，规范化标准普及率低。参农种植太子参的模式依旧采用传统的方法，山坡种植，地块分散，轮作，有的甚至不轮作，产量下降，病虫害多，且参业用地的供应面积呈现逐年减少趋势。以施秉为例，尽管颁布了《施秉太子参　种植技术规程》（DB52/T 847.4—2013），太子参种植有了规范化方法，但由于缺少强制性的管理手段，生产者与经营者又缺乏无公害意识，没有绿色产品的概念，这些技术标准普及应用率很低，部分生产者在太子参生产过程中仍然使用有害农药和化肥，致使太子参产品农药残留量超标。而随着国家对制药企业原材料监管的日趋严格，农残重金属超标将成为施秉太子参产业发展的硬伤。

三是基础研究投入和产出有限，制约产业发展的关键技术仍有待攻关。例如，在太子参化学成分药理、有性繁殖的生物学机制方面的研究仍处于空白状态。

第六节　科学研究的进展情况

科研学者们对太子参的研究起步较晚，最早的是 1957 年赵晓俊、周太炎在《中国中药杂志》上发表的《太子参栽培试验的初步总结》，第一次介绍了太子参作为人参的替用品，在江苏镇江及南京的栽培种植情况。在中国知网（CNKI）上，以太子参作为篇名主题词查询到的文献，截至 2018 年共有 966 篇，1990 年以前只有 17 篇，2000 年以后研究文献数量呈逐步上升的趋势，2013 年以后每年不少于 60 篇论文，最多的是 2013 年有 93 篇论文发表。近几年来，国家、省级层面对太子参研究的支持力度也很大，贵州、福建、江苏、云南等地的科研工作者分别在太子参遗传多样性、功能基因、化学成分、药理基础、多糖含量、太子参叶斑病、质量和环境、栽培技术等方面开展了大量的基础与应用研究，包括国家自然科学基金每年度均有 3～5 项资助太子参的基础研究项目，显示出太子参的研究逐渐被行业关注。

第二章　太子参研究进展及分析

第一节　国内太子参基础研究进展分析

国内针对太子参的系统研究始于20世纪90年代。目前，研究领域覆盖了太子参的整个产业链，如种植、栽培技术、田间管理、药材加工、质量评价、有效成分提取、化学成分药理作用等。早期研究涉及了太子参提取物的药理作用及有效成分对质量的影响等；20世纪90年代末期，随着太子参栽培和种植的兴起，关于太子参种植、栽培管理、加工及病虫害防治的研究成为热点，主要包括组培快繁技术、高产栽培技术的探索，以及病虫害发生规律及其防治措施等，且随着太子参种植栽培的范围扩大，相关研究产出数量日益增长。此外，太子参病毒病促使有性繁殖成为新的研究热点，太子参种子的休眠机制及后熟等系统生物学方面的研究将成为趋势。最后，在太子参药材产品的综合利用方面，多种活性成分的鉴定、提取和分离技术及太子参的临床药理机制也是研究热点。

一、国内太子参研究论文年度变化趋势

从文献发表情况来看（图2-1），20世纪90年代对太子参的研究仍较为落后，从2002年开始相关的学术论文才开始迅速增加，2007年达到一个高峰，虽然

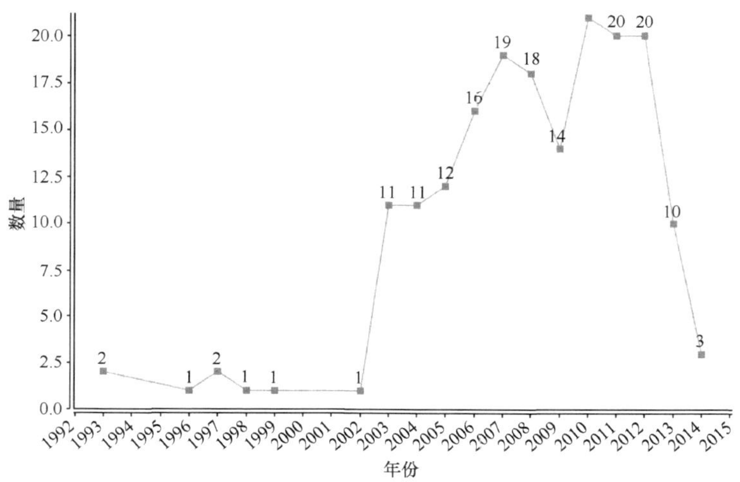

图2-1　国内太子参研究论文年度走势

随后经历了短暂的回落，但很快又开始增长，2010 年达到一个新的高峰，针对太子参的具体研究领域有超过 20 篇的相关论文发表，之后一直稳定在 20 篇/年的速度，而 2013～2014 年的下滑可能是由数据的完整性不足造成的。

二、国内太子参研究主要作者分布

从图 2-2 可以发现，国内对太子参进行研究的作者主要集中在江苏（4 人）、贵州（4 人）、福建（4 人）和甘肃（3 人），反映了江苏、贵州和福建作为太子参药材主要产地的地位。

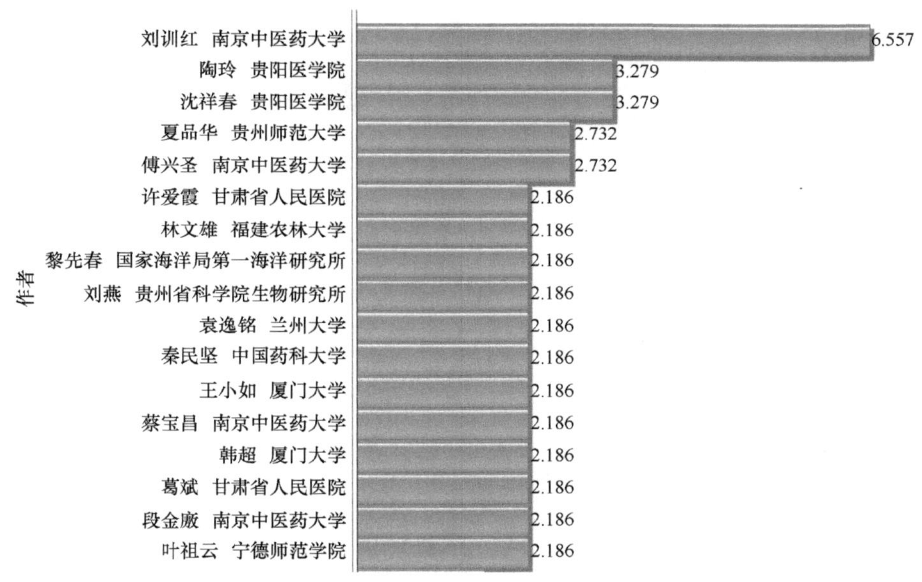

图 2-2　国内太子参研究论文作者分布
图中数字为论文累计影响因子

三、国内太子参研究学科分布

就发表的论文的学科分布来看（图 2-3），中医、农作物和药学方面的论文占了四分之三以上，而其他所占比例相对较小的论文和研究也大多是围绕着这三个方面的具体研究领域，这体现了太子参作为一种中药的重要价值。

四、国内太子参研究论文期刊分布

从发表论文的期刊分布情况上看（图 2-4），绝大多数论文发表在中医类杂志上，如《中成药》、《中国中药杂志》、《中医杂志》、《中草药》和《中药材》等。只有少量文章发表在关于农业种植和食品加工方面的杂志上，如《种子》和《食品科学》，从侧面反映了目前对太子参研究的主流方向仍然是其作为中草药的制备和应用。

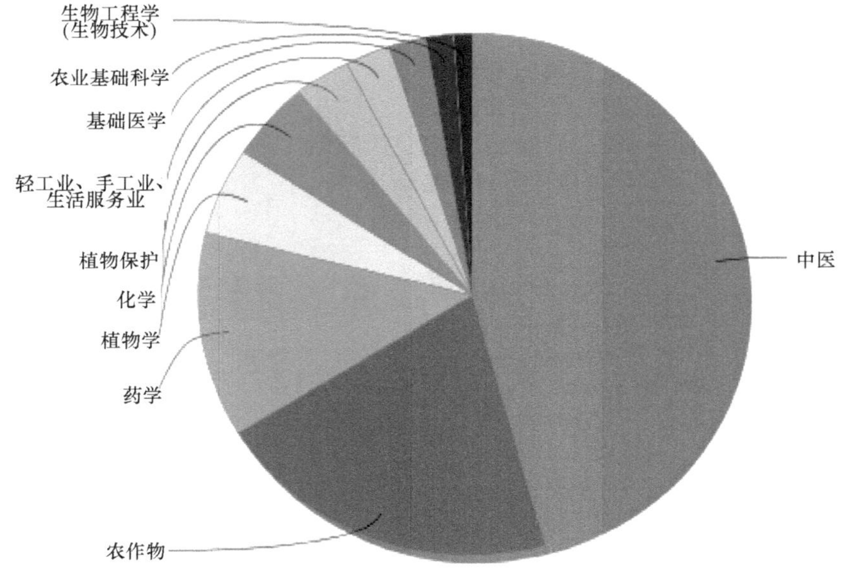

图 2-3 国内太子参研究学科分布（彩图请扫封底二维码）

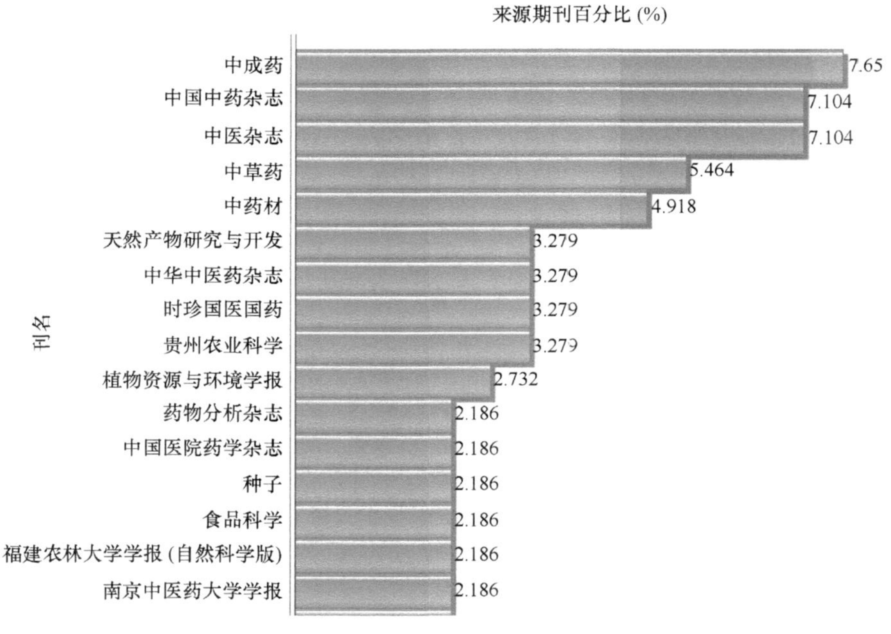

图 2-4 国内太子参研究论文期刊分布

五、国内太子参研究主要进展

从发表的文献的内容上看，目前研究的主要进展包括：太子参的各种微量元素等化学成分在临床医学上的具体应用；不同的种苗脱毒方法及效果；从太子参中高效地分离各种化合物；以不同加工方法干燥太子参对其微量元素等化学成分含量的影响；太子参重金属含量的测定等方面。具体技术方面，主要采用了高效液相色谱（high performance liquid chromatography，HPLC）、气相色谱（gas chromatography，GC）、气相色谱-质谱（gas chromatography-mass spectrometry，GC-MS）技术构建太子参指纹图谱等。所有这些都为太子参的生产加工和药材质量控制提供了依据。

第二节　太子参专利态势分析

一、太子参专利年度变化趋势

将所有和太子参产业相关的专利放在一起来看（图 2-5），20 世纪 90 年代我国在相关领域的发展相对较慢较平缓，直到 21 世纪初才开始有较大的发展。自 1999 年起整体的技术发展开始抬头，2002 年以后发展开始逐渐加速，各种相关专利的申请量大幅度增长，在 2008 年达到一个小的高峰。虽然随后出现了暂时性的滑落，但很快专利的申请量又开始高速增长，2012 年又达到一个新的高峰。2014 年的大幅度滑落很可能是数据的完整性不足造成的。贵州省太子参相关专利详见附件 1。

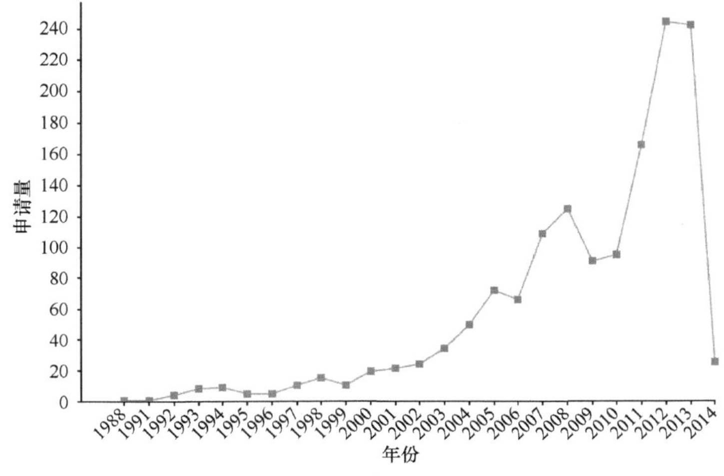

图 2-5　太子参专利申请年度走势

这种趋势可能与太子参价格的变动有关。1994～1996 年太子参的价格一直在 7～20 元浮动，但到 1999 年突然突破了 100 元大关。另外，在 2003 年“非典”和 2009 年禽流感流行期间，太子参被国家中医药管理局分别列为“非典”和甲型 H1N1 流感中药预防的首选用药，由这些原因引发的太子参价格在这几个时期的大幅度上升可能是刺激相关技术发展的一个重要原因。

二、太子参专利技术类别年度变化趋势

就具体的专利技术类别来看（图 2-6），最受重视的几个领域是药物制剂、医用配制品和消化系统疾病。其他专利大多呈较低水平的发展，相互之间也都相差不大。

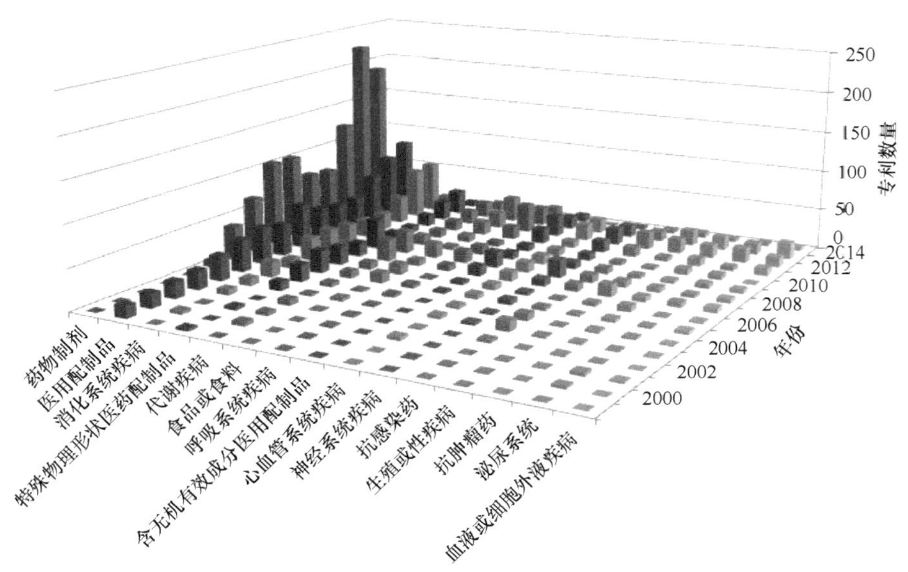

图 2-6 太子参专利技术主体年度走势（彩图请扫封底二维码）

从时间上看（图 2-6），太子参在药物制剂方面的应用研究起步较晚，从 2004 年才开始取得一定的发展，但是发展速度很快，2006 年相关专利已经突破 50 项，随后的 2007 年和 2008 年更是达到 100 项上下。虽然之后略有下降，但总体仍保持较高数量水平，2012 年相关专利呈井喷式增长，超过了 200 项。

太子参在医用配制品方面的专利在 2000 年前就有一定的研究和发展，其增长也一直比较稳定，没有出现短时间内专利数量大幅度的增长现象，到 2013 年其相关专利数量已经突破 50 项。

太子参在消化系统疾病治疗方面的专利应用起步也较晚，2002 年左右才开始

有了一定的发展，增长也相对稳定，但增速较缓，2013 年才刚达到 50 项左右。

除了以上三个最主要的方面的专利，其他方面的专利也大多呈类似的趋势，随着时间缓慢增长，个别专利领域会出现突然性的增长和下降，如含无机有效成分医用配制品和抗感染药领域各自在 2008 年、2003 年出现了短暂的大幅度增长随后又迅速下降，但是总体上这些领域的专利的变化幅度都没有以上三个最主要的专利领域那么大。

三、太子参专利法律状态分布分析

虽然太子参的相关专利申请量很大，但是从这些专利的法律状态来看（图 2-7），情况就不甚乐观。在所有申请的专利中，真正获得了授权的只有 20.09%，而撤回量高达 28.76%。另外，有 13.40%的专利处在专利申请费用未缴纳的状态，33.83%的专利申请处在审核阶段（审中），这两部分构成了很大的不确定性。总体来看，真正得到了授权的专利只有申请专利总量的五分之一，而处在不确定状态的专利量接近 50%。

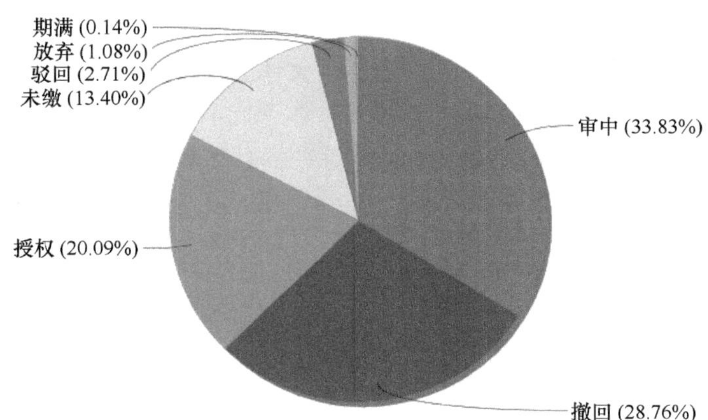

图 2-7　太子参专利法律状态分布（彩图请扫封底二维码）

由于数据修约保留两位小数，加和不是 100%

四、Top 16 专利权人专利法律状态分布分析

从专利权人的法律状态分布上看（图 2-8），无论是个人专利权人还是机构专利权人，撤回率都很高，只有个别专利权人的专利授权率很高，如贵州三元太宝实业股份有限公司（贵州三元太宝）和宁德师范学院。另外大量的专利权人近乎 100%的专利申请还在审中，下一步的发展面临很大的不确定性和风险。

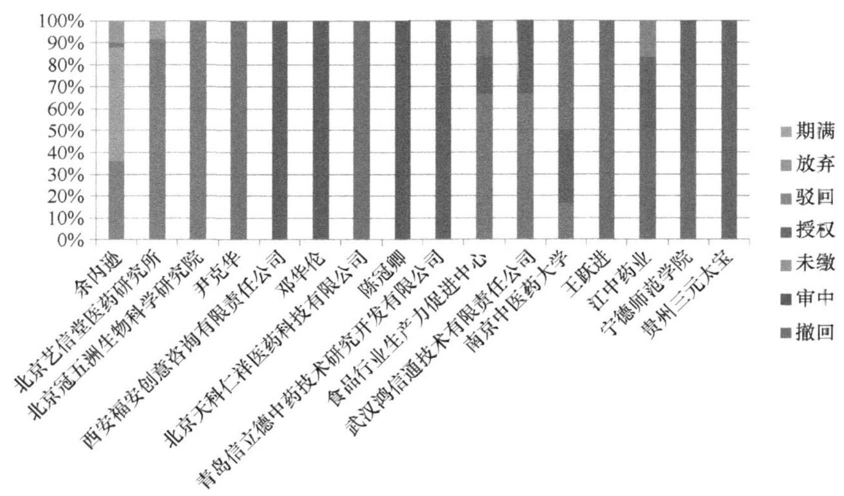

图 2-8 太子参专利权人 Top 16（彩图请扫封底二维码）

第三节 太子参产业关键技术分析

作为一个大的产业，太子参的产业链条大体上由生产、流通和产品三个方面组成（图 2-9），在每个方面都包含着很多具体的技术领域。生产领域内涉及太子参的施肥、种苗脱毒、精准栽培或种植和绿色农药等技术；流通领域内涉及太子参采收、产地初加工、运输和储藏等；而产品领域内则涉及太子参的活性物质提取及深加工后产生的药渣综合利用。下面针对这个产业链条上几个关键的技术领域做深入的分析。

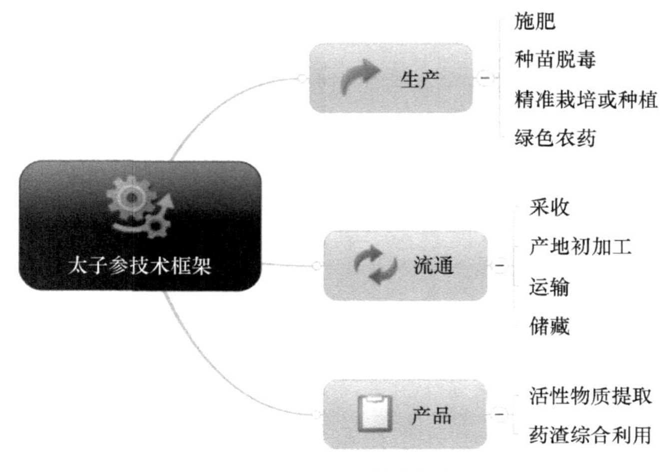

图 2-9 太子参技术框架

一、专用复合肥技术研发进展

复合肥可以有多种分法，按照用途可以分为通用型和专用型两种。通用型常见的氮、磷、钾比例为 15∶15∶15，近年来也出现了 17∶17∶17 等浓度更高的产品。专用型指的是按照某种作物的特殊需求将氮、磷、钾比例略作调整，这又可以进一步划分为高氮型、高钾型和高磷型等。

目前我国还是以通用型复合肥的消费量最大，占全国三元复合肥消费量的 54%，专用复合肥约占 46%，以高磷型为主。主要面临的问题在于几乎所有产品都是针对全国大区设计的，单一配方覆盖地区太大，针对性差，而且同一产品在不同作物上施用，即使标明了作物专用肥的产品也没有区别施用方法，既作基肥又作追肥施用。总体上我国的复合肥研发生产和使用还比较粗放，整体水平有待提高。

（一）专利类别分布

从专利的类别上来看（图 2-10），对太子参专用复合肥的研发工作主要集中在一种或多种肥料与无特殊肥效组分的混合物（肥料与无肥效组分混合物）、肥料混合物及以堆制肥料为特征的肥料的制备（堆肥制备）方面，分别占 34%、16%和 12%。太子参的生产种植过程中一直面临的主要问题是土壤退化、病毒害虫侵染和重金属积累等，肥料与无肥效组分混合物的大量研究和相关专利的申请说明了这些问题正在得到重视。大量的专利产品除了在复合肥的养分补充功能方面做了研究，还在杀虫、土壤调节等功能与前者的融合方面做了探索。

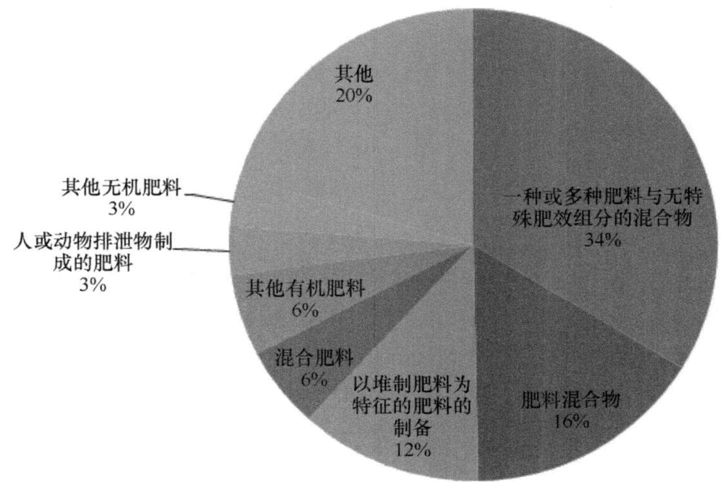

图 2-10　专用复合肥专利类别分布（彩图请扫封底二维码）

（二）专利机构分布

从专利的申请机构来看（图 2-11），个人申请者占有重要地位，前 20 位的专利申请者中个人申请者有 8 位。而专利申请机构的分布呈现出分散态势，其中山东的机构在前 20 位中较多，达到 6 个，而安徽的机构虽然只有马鞍山科邦生态肥有限公司一家，但其成果较为丰硕，显示了安徽作为太子参主要产区之一的地位。

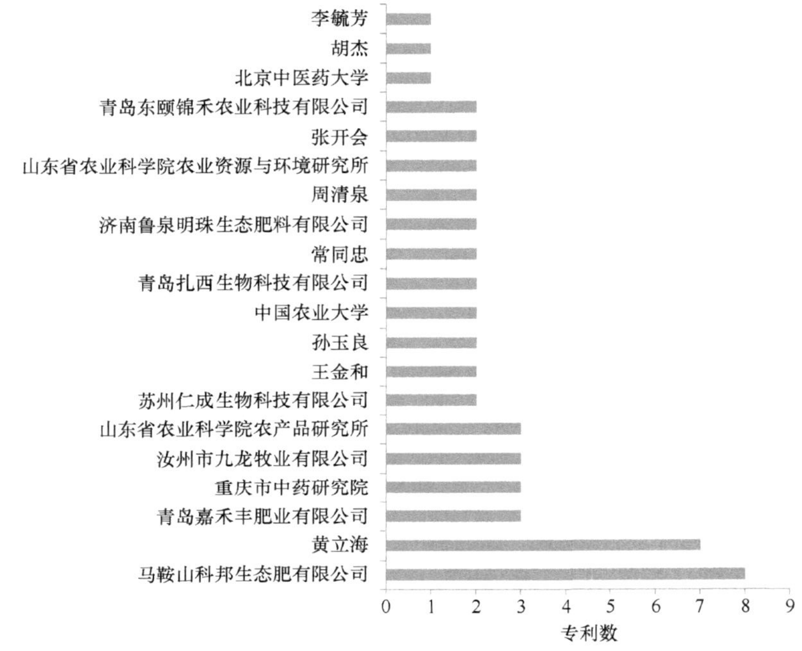

图 2-11 专用复合肥专利机构分布

（三）时间变化趋势

从时间变化趋势上来看（图 2-12），2000 年后对太子参专用复合肥各个相关领域的研究力度比 20 世纪 90 年代开始略有加大，虽然在持续波动，但总体数量上保持在一个相对较低的水平上。在所有领域内，可以看出肥料与无特殊肥效组分混合物、肥料混合物、堆肥制备是三个比较热门的方面。2011 年开始肥料与无肥效组分混合物方面的专利数量出现大幅度的提升，结合专利类别分布的分析，这可能与重视使肥料兼有除虫与调理土壤功能的倾向有关。

二、太子参种苗脱毒技术研发进展

太子参病毒病又称花叶病，在几个太子参主要产区普遍发生，田间发病率和种根带毒率可达 100%，平均在 90%左右。症状表现为病株矮小，叶上出现斑驳花叶，叶片皱缩，块根小，根数明显减小。太子参发生病害的主要原因除长期以种块进行无性繁殖导致体内侵染和积累了病毒外，很多产地没有进行合理的轮作，连作导致土壤中害虫和病毒滋生也增加了太子参感染病毒的可能性。病害和由此带来的减产对产地造成了重大经济损失，因而脱毒成为太子参生产中的重要技术环节。

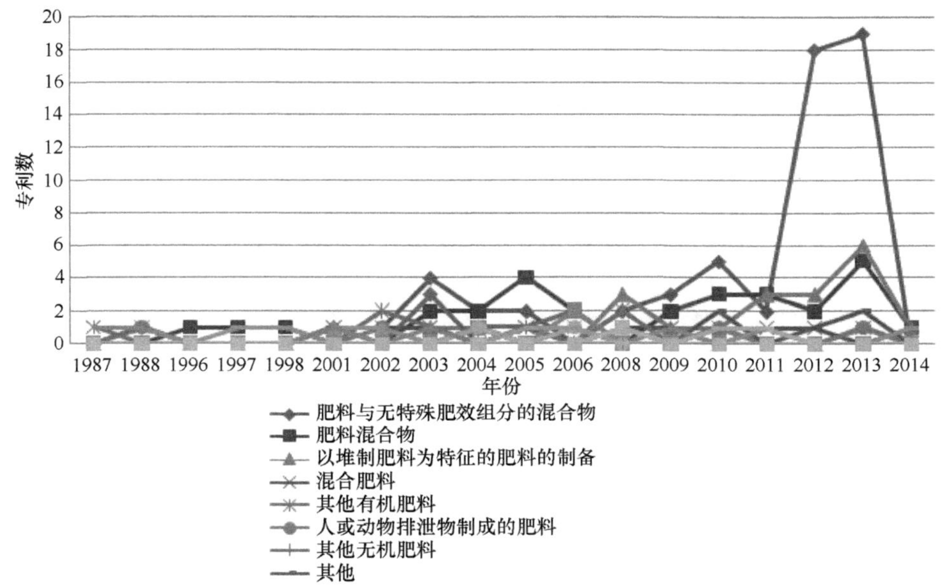

图 2-12　专用复合肥专利技术类别年度走势（彩图请扫封底二维码）

已知的太子参花叶病毒有 4 种，分别为烟草花叶病毒（TMV）、芜菁花叶病毒（TuMV）、黄瓜花叶病毒（CMV）和蚕豆萎蔫病毒（BBWV）。其中 TuMV 广泛分布于各个太子参产区，是危害太子参的主要病原。

从发表的文献来看，目前太子参脱毒技术方面的研究尚不是很多，主要采取的方法大体上可以分为物理方法（热处理，包括热水处理和热空气处理）和茎尖组织培养法，也有人提出采用超低温脱毒的方法。

因为病毒会在一定的高温条件下被钝化，在寄主体内的传播速度会大幅下降甚至停止传播，所以在高温环境中长出的新植株的组织和器官就很可能脱掉病毒。但在实验中发现，无论是采用热水处理、热空气处理还是变温处理，太子参种根内病毒检测都为阳性，热处理方法效果不佳。

茎尖组织培养法经过取生长点、分化、增殖培养、培育试管苗、病毒检测等步骤后就可以检出无毒的太子参种根进行快速繁殖并为大田提供生产种。但这个方法最大的问题在于为了得到较好的去病率，要尽量采用小到 0.1mm 以下的生长点，这不但会延长培养时间，而且成活率较低。为了克服这种困难，有人采取结合热处理和茎尖组织培养两种方法得到了无病毒植株。此外，还有结合病毒抑制剂和茎尖组织培养脱病毒的方法，但具体的应用情况还有待研究。

除这两种主要方法外，还可以进行种子繁殖。有性繁殖过程形成的种子一般无病毒，且研究表明太子参种子繁殖是不传播病毒的，因而种子繁殖是太子参病毒防治的较为有效的方法。但问题在于太子参种子有休眠性，且原因有待研究，因而难以用于无病毒种苗的规模化生产。

最后，超低温脱毒主要参照香蕉茎尖超低温脱毒方法并进行了改良，对茎尖的超低温处理有助于去除病毒，之后再以芽诱导丛生芽方式进行增殖。此法比热处理和茎尖组织培养法操作简单，成本也更低，但其问题在于对茎尖的超低温处理会大大降低其成活率从而影响了规模化生产脱毒种苗的能力。

总体来说，从发表的文献来看，目前脱毒太子参种苗尚未能在生产中大规模使用，各种脱毒技术的成本、难度和产品的低产率等都限制了这些脱毒种苗的规模化使用。最关键的是这些技术只能使植物暂时脱离病毒，并没有使之具有抗病性，脱了毒的种苗仍然有再次感染病毒的可能性，而抗病毒基因工程的研究提供了一个可能的方向。

（一）专利类别分布

从专利类别分布上来看（图 2-13），对太子参种苗脱毒领域的研究还是以组织

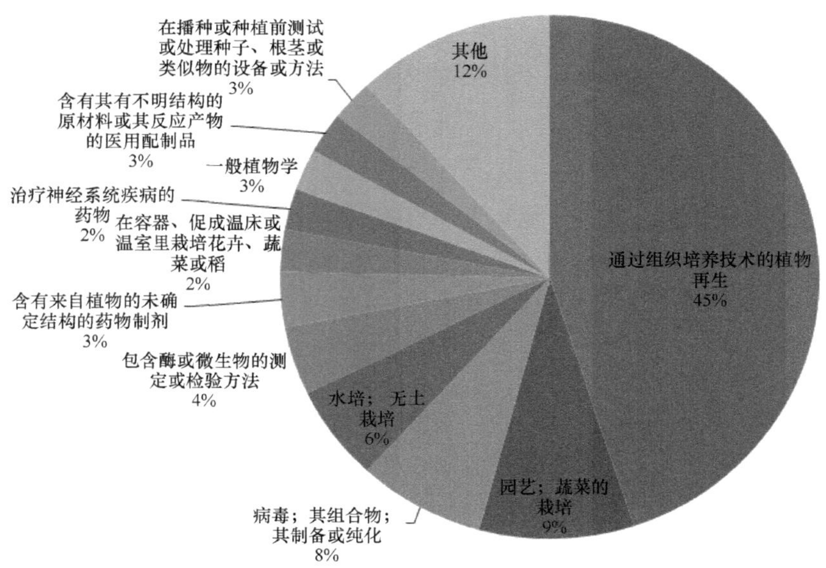

图 2-13 太子参种苗脱毒专利类别分布（彩图请扫封底二维码）

培养技术占绝对的主流地位，达到了45%，和目前的文献反映出的方向一致，技术上还是以茎尖组织培养为主，而从其他角度进行脱毒的专利和研究就相对分散。

（二）专利机构分布

从这些专利的申请机构的分布来看（图2-14），个人专利申请者仍占有重要地位，前20位的专利申请者中个人占了8位。除个人专利申请者外，专利机构在地理上较为分散，全国各地都有。单看专利申请数，最多的是浙江的机构。而作为太子参生产大省的贵州申请专利的机构少，只有贵州省亚热带作物研究所一个，而且其专利数也较少。

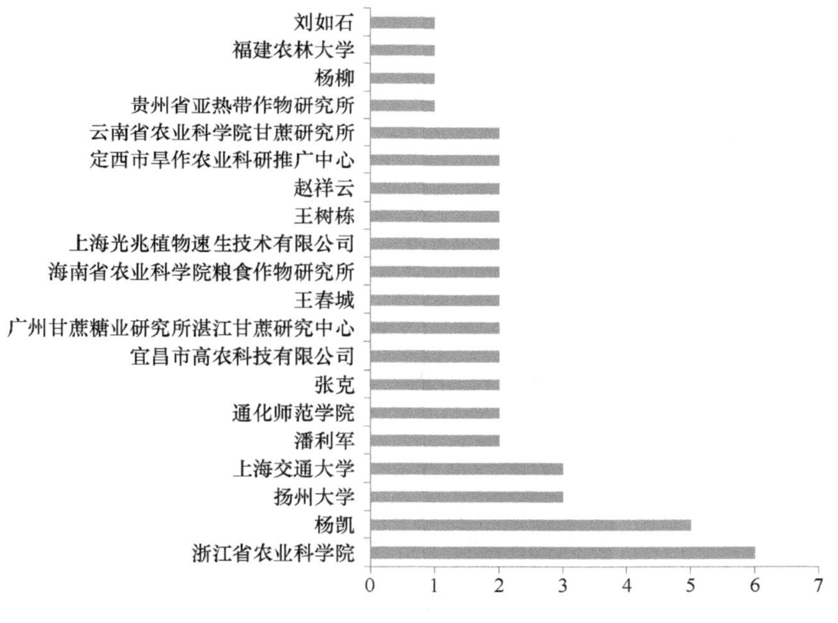

图2-14　太子参种苗脱毒专利机构分布

（三）时间变化趋势

从时间变化趋势上看（图2-15），在太子参的种苗脱毒方面，采用组织培养技术的植物再生领域的研究从20世纪90年代末开始时就相较于其他领域更受青睐，虽然在近20年的时间里其起伏较大，在2004年和2009年分别出现过两次明显的增长，但总体来看这个方面的专利大部分时间里在绝对数量上遥遥领先于其他方面的专利和研究。此外，对于病毒、药剂和酶方面的研究也较为热门，但也只是相较于其他领域而言。同样，2014年专利数量的下降可能是和数据的不完整有关。

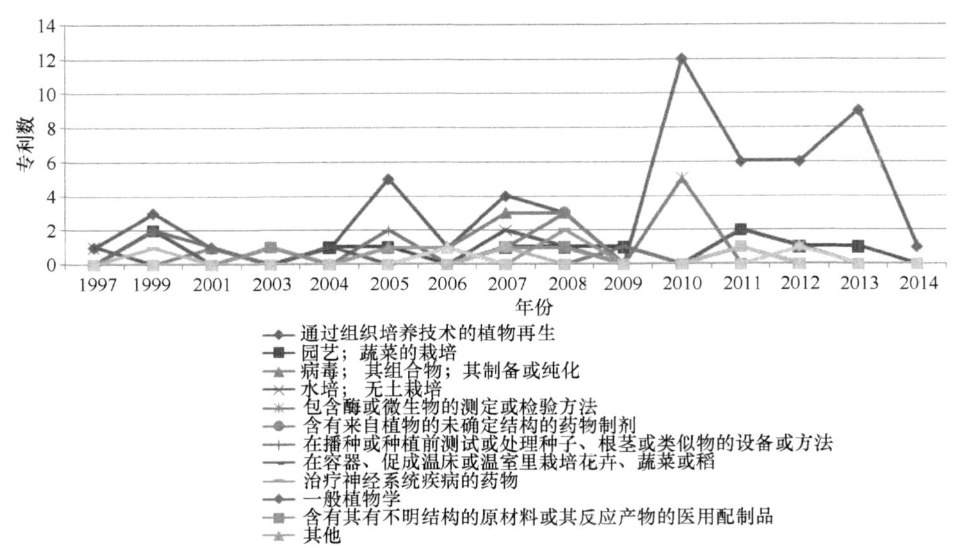

图 2-15　太子参种苗脱毒专利技术类别年度走势（彩图请扫封底二维码）

三、太子参精准栽培技术研发进展

精准栽培是精准农业中的一个重要方面。精准农业又称精确农业（precision agriculture），是美国在 20 世纪 80 年代提出的一个概念，主要方式是按照田间每一操作单元的环境条件和作物产量的时空差异性（temporal and spatial variability）精准地调整各种农艺措施，最大程度上优化水、肥料、种子和农药等的使用，目的在于获得最高的产量和最大的经济效益，此外也以此减少对环境的污染，保护农业生态环境和自然资源。精准农业通过精确化和实时化地获取田间每个小区（1～100m²）内的土壤、水、农作物、光、热等方面的信息，以此判断农作物长势和空间上的差异以便对每个小区进行精准化的决策。其主要在三个方面实现精准：一是定位精准，精准确定灌溉、施肥、杀虫等的地点；二是定量精准，准确地确定使用的水、肥料、种子、农药等的用量；三是时间精准，精确确定采取各种农艺措施的时间，以便精确地播种、施肥、灌溉、除草、杀虫、收获等。

在技术上，精准农业是一种以信息为基础的农业管理系统，利用传感器提供及时、准确、有效的土地和作物方面的信息以便做出最优化的决策。精准农业主要由 10 个系统组成，即全球定位系统（GPS）、农田信息采集系统、农田遥感监测系统（RS）、农田地理信息系统（GIS）、农业专家系统、智能化农机具系统、环境监测系统、系统集成、网络化管理系统和培训系统。在所有系统中，核心是“3S”（即 GPS、GIS、RS）技术和计算机自动控制系统，它们在农作物长势监测和产量估算、土壤水分含量和分布监测、作物水分和养分监测、作物病虫害监测等方面起着主要作用。

具体到太子参的种植栽培技术上，主要包含 5 个方面，即选地与整地、种苗选择、栽种技术、田间管理和病虫害防治。但从发表的文献来看，主要的研究仍然集中在具体的土壤类型、土地的开垦情况（休耕或轮作年数）、选种和种子的萌发情况、品种选育、移栽定植、除草和追肥技术，以及有针对性的杀虫方面，而在如何结合信息与遥感手段监测田间情况并精准决策和采取相应的农艺措施方面的研究则几乎是空白。这也和我国目前总体上在精准农业领域发展的落后和不足有关，相较发达国家，我国的农业精准程度不高，主要表现在如下 4 个方面：设备简陋，操作难以达到精准；对适用于工厂化生产的专用种子品种和肥料的研究与开发不足；经营管理水平低，还没有建立起统一的行业质量标准，计算机管理尚未匹配；至今没有具有自主知识产权的适合农业应用的 3S 技术服务体系，精准农业的关键技术依赖引进，针对性很差。因而将精准农业技术应用于太子参的种植生产上仍有待研究和发展。

（一）专利类别分布

从专利的类别分布来看（图 2-16），大部分的专利申请集中在蔬菜的栽培（图中为“园艺；蔬菜的栽培”）和一般植物学方面，分别占了 31%和 11%，而其他

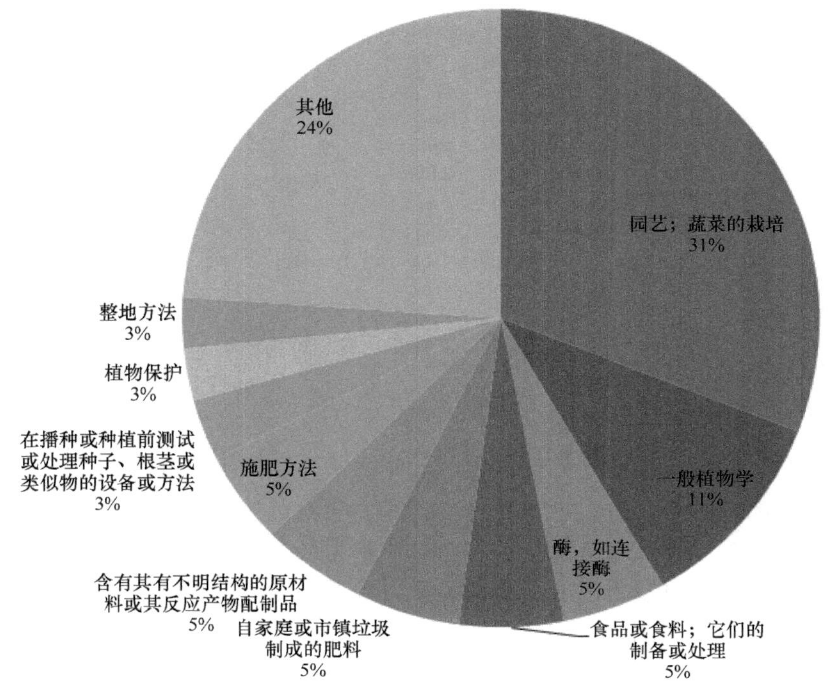

图 2-16　太子参精准栽培专利类别分布（彩图请扫封底二维码）

占比例相对较低的专利也都主要分布在酶、食料制备等方面，可见大部分研究涉及的主要还是传统的太子参栽培的5个方面的技术问题，并没有涉及精准农业要求的对农业的信息化管理。

（二）专利机构分布

从专利机构的分布上看（图2-17），个人专利申请者在太子参种植方面占了重要的地位，前20位的专利申请者中个人占了9位，且成果较丰硕。而机构则非常分散，贵州、江苏、四川、重庆、云南、河南等都有分布，但总体看是以南方省份居多。

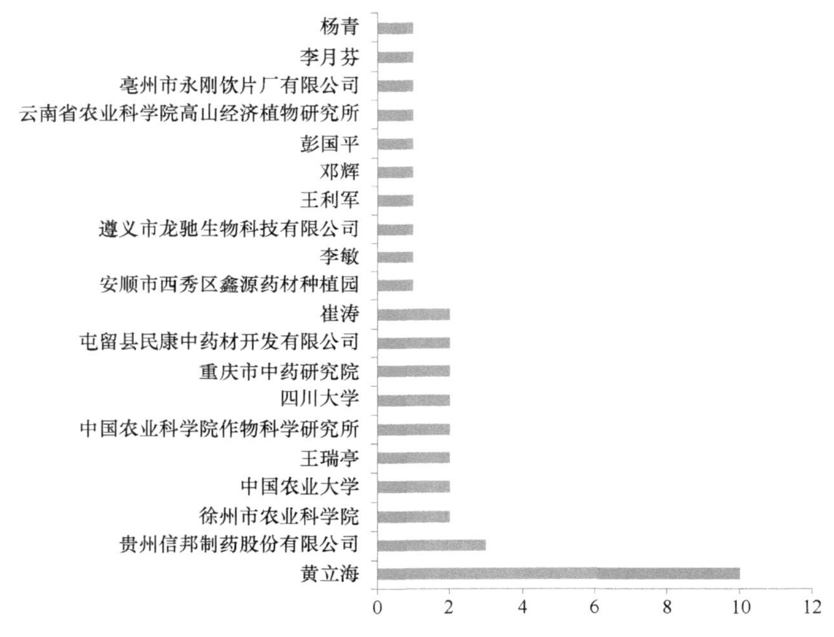

图2-17 太子参精准栽培专利机构分布

（三）时间变化趋势

目前在太子参种植栽培方面仍然以传统方法为主，因而其中涉及的主要技术方面的专利都比较多，其中又以园艺和蔬菜培植（图中为“园艺；蔬菜的栽培”）、一般植物学、酶和容器或温室栽培方面的专利为最多。但从时间上看这些方面的专利申请情况则呈现较为剧烈的波动现象，且不同的时期反映出不同的侧重点：21世纪初的几年，这几方面的技术都得到差不多程度的重视；从2007年开始，整地、种子、肥料及酶这几个方面开始受到重视；2010年后研发的重点回到了传统的栽培方面（图2-18）。

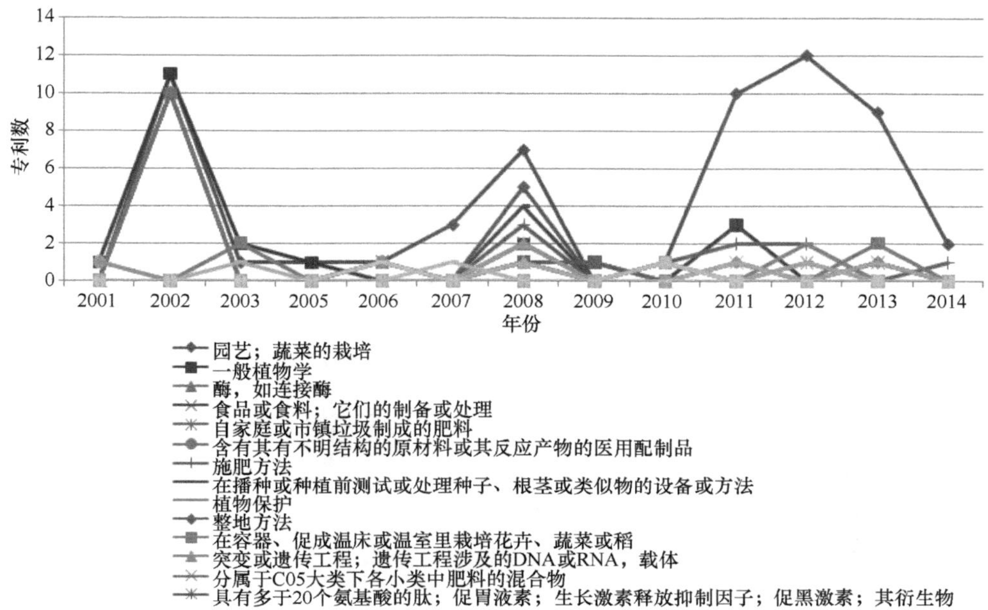

图 2-18　太子参精准栽培专利技术类别年度变化趋势（彩图请扫封底二维码）

四、太子参采收加工技术研发进展

如前所述，由于太子参含有丰富的对人体健康有益的微量元素等化学成分，其被广泛地运用在临床医学、养生保健产品和护肤化妆品方面。因而质量的控制成为太子参生产中的重要一环，主要体现在对各种采收和加工方法生产的太子参的微量元素等化学成分及对人体有害的重金属含量的检验上。

从发表的文献来看，目前的研究集中在讨论以不同的采收时间和 4 种不同的加工方法处理太子参对这些微量元素等化学成分含量的影响上。

（一）专利类别分布

从专利的类别[基于国际专利分类表（IPC）大组]上看（图 2-19），对太子参的采收和加工方面的专利主要集中在制药与作为其他药物的辅助材料方面，分别有 27%和 10%的专利与这两个方面相关，而其他专利也较为分散地和制药方面相关，只是强调了不同的具体方向而已。

（二）专利机构分布

从专利申请机构的情况来看（图 2-20），个人申请者同样占有重要的地位，专利申请排前 20 位的个人和机构中，个人申请者有 6 人，且部分个人申请者成果非

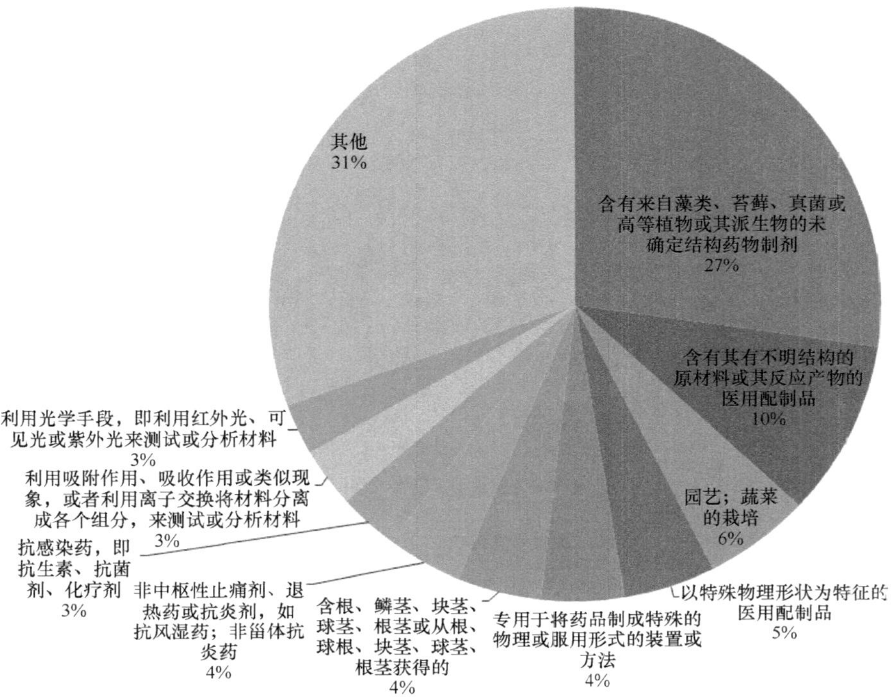

图 2-19　太子参采收加工专利类别分布（彩图请扫封底二维码）

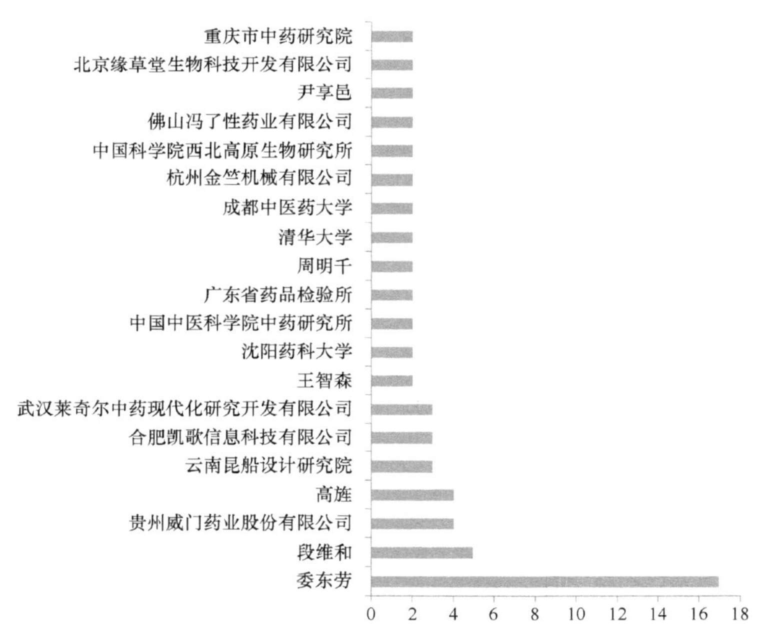

图 2-20　太子参采收加工专利机构分布

常丰硕，委东劳一人就申请了 17 项专利。非个人的专利申请机构主要集中在贵州、云南、安徽、湖北、浙江、广东等南方省份。

（三）时间变化趋势

从专利申请的时间趋势看（图 2-21），20 世纪 90 年代针对太子参采收加工方面的研究和专利申请数都不大，从 1999 年起总体上开始有提升。主要涉及的专利领域都和药物制剂及医用配制品相关，2005 年以后前者取得了较大的发展，得到了更多的重视，2007 年开始这个领域内的专利申请数大幅增长，并在 2009 年达到顶峰，之后又开始逐步回落。

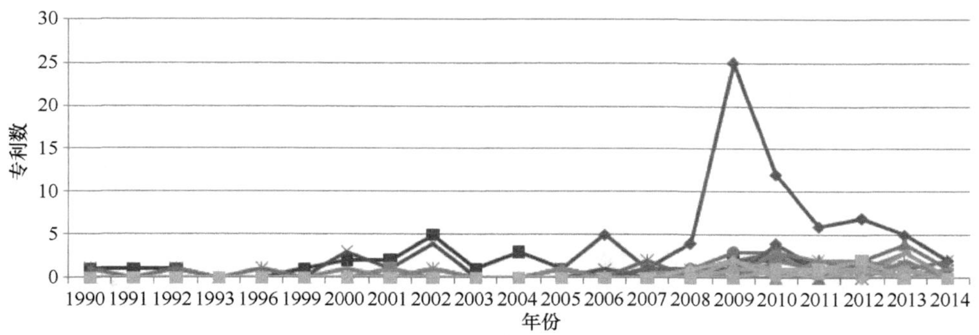

图 2-21　太子参采收加工专利技术类别年度变化趋势（彩图请扫封底二维码）

五、太子参活性物质提取技术研发进展

太子参之所以有很好的药用效果，并且能在临床医学、食品与保健及化妆品行业中有广泛应用，主要是因为其含有丰富的氨基酸、苷类及糖类等化学成分，主要包括：①多糖，具有免疫活性，能增强人体抵抗力；②皂苷，实验表明其能明显延长小鼠负重时间和常压缺氧条件下的存活时间，另外还能增加小鼠免疫器官的重量并提高其免疫后血清中溶血素的含量；③环肽，在形成激素、抗生素、离子载体系统、抗真菌素、抗癌制剂及毒素等方面有丰富的生物活性。从发表的文献来看，目前主要的研究都集中在如何更好地提取这些氨基酸、苷类及糖类等

化学成分上。

（一）专利类别分布（基于 IPC 大组）

从专利类别上看（图 2-22），目前研究的主要领域是太子参中的多糖类及其衍生物、化合物或药物制剂的特定医疗活性及医用、牙科用或梳妆的配制品方面的应用，这三个领域的专利分别占了总专利申请量的 33%、16%和 14%。而其他所占比例相对较小的领域实际上也在进行相关研究，只是具体方向有所不同。

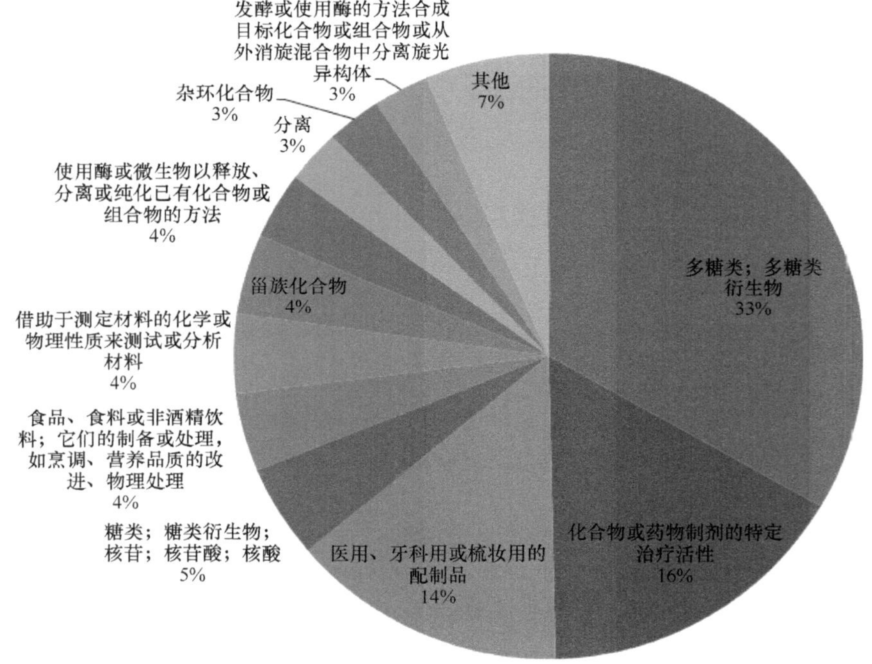

图 2-22 太子参活性物质提取专利类别分布（彩图请扫封底二维码）

（二）专利机构分布

从专利机构的分布上看（图 2-23），个人申请者所占的比例相较于前述其他的技术领域大为减少，前 20 位的专利申请者中只有 4 位是个人。机构同样很分散，广东、山东、辽宁、江西、湖北、北京、福建、上海、香港、青海等的机构都在做相关研究并申请专利，没有明确的地域特征。

（三）时间变化趋势

从专利申请的时间趋势看（图 2-24），在太子参活性物质的提取方面，多糖类的制备的研究和专利一直保持着相对稳定的发展，从 2009 年突然开始大幅度增

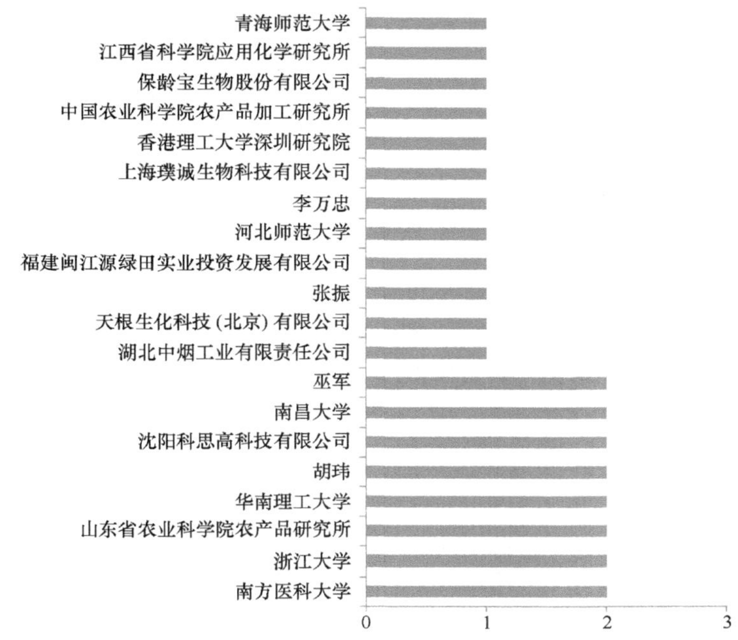

图 2-23　太子参活性物质提取专利机构分布

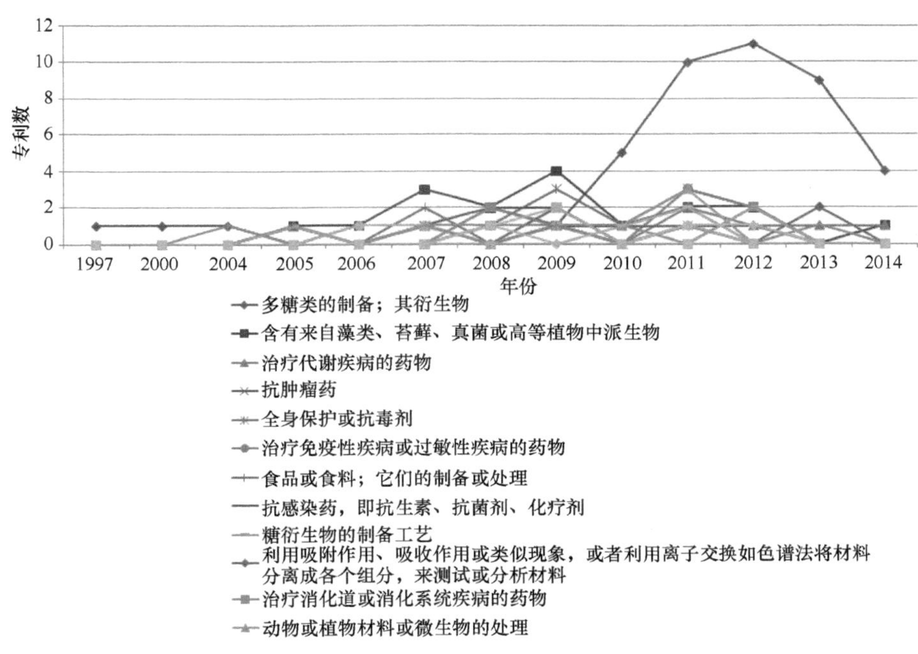

图 2-24　太子参活性物质提取专利技术类别年度变化趋势

（彩图请扫封底二维码）

长，2012 年达到了高峰，之后开始逐渐回落，但 2014 年的回落可能和数据的完整性不足有关。除此以外，针对其他微量元素等化学成分的提取与药用方面的专利在 2006 年以后也开始以相对于其他领域快的速度增长，但不太稳定，不时有起伏，且 2009 年以后下降速度较快。

六、太子参药渣综合利用技术研发进展

总体而言，太子参药渣的主要来源是中成药的生产及中药饮片的加工和炮制，其中中成药的生产是最大的药渣产生源，这个过程中产生了所有药渣量的 70%。因为药渣的成分复杂，如果不经处理就废弃会造成严重的环境污染问题，但反之，因为中成药及其制剂大多是由植物药或动物药构成的，这意味着药渣中含有的大量纤维、粗脂肪、淀粉、粗多糖、粗蛋白质、氨基酸及其他微量元素等有着很大的开发潜力和利用价值。

从发表的文献来看，近几年来，中药药渣的再利用主要有以下几方面：再提取其他有效成分；用于栽培食用菌；用于饲料或饲料添加剂；制成有机肥料；处理废水；用作生物质能源；用作造纸原料；用于发酵生产等。具体到太子参而言，因为其药渣中含有丰富的多糖和氨基酸等，所以是很好的有机肥原料，而且其中含有的微量元素也可以反复提取，这些有保健作用的微量元素使得太子参的药渣也可以用于发酵生产。

（一）专利类别分布

从专利类别上看（图 2-25），在太子参药渣利用的研究方面，将其用作动物饲料、一种或多种肥料与无特殊肥效组分的混合物及肥料制备的专利数量占大多数，其比例分别为 26%、21%和 15%。其他占比例相对较小的研究也大体上都是沿着这三个方向进行，只是具体的内容略有不同。

（二）专利机构分布

从专利机构分布上看（图 2-26），个人专利申请者占据了重要地位，前 20 位的专利申请者中有 7 位是个人。从机构的地理分布上来看，安徽和天津在太子参药渣利用方面申请专利的机构较多，在前 20 位的专利申请者中这两个省（直辖市）的机构数分别为 4 个和 3 个。

（三）时间变化趋势

专利的时间变化趋势很好地反映了发表的文献中呈现的趋势（图 2-27）。2007 年以来申请量一直很高的几个领域主要是动物饲料、一种或多种肥料与无特殊

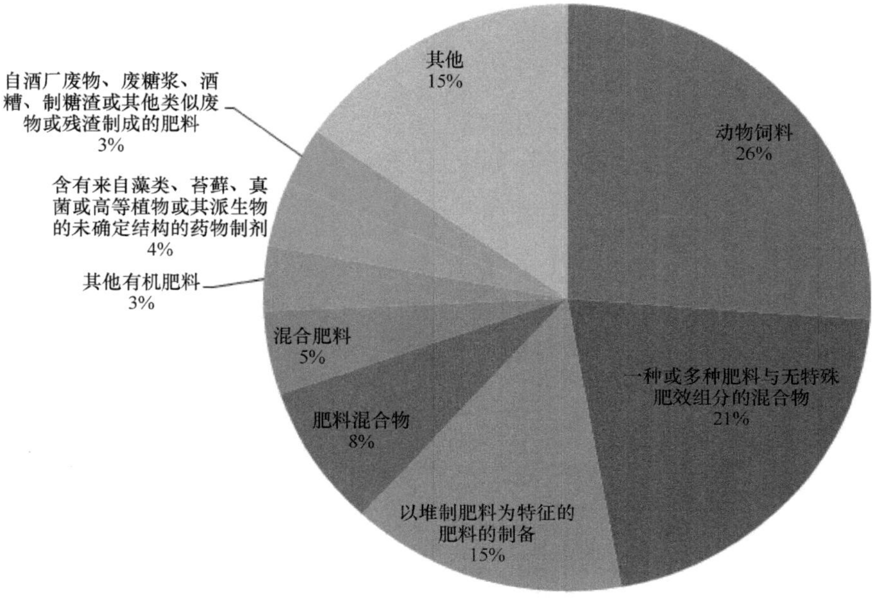

图 2-25　太子参药渣利用专利类别分布（彩图请扫封底二维码）

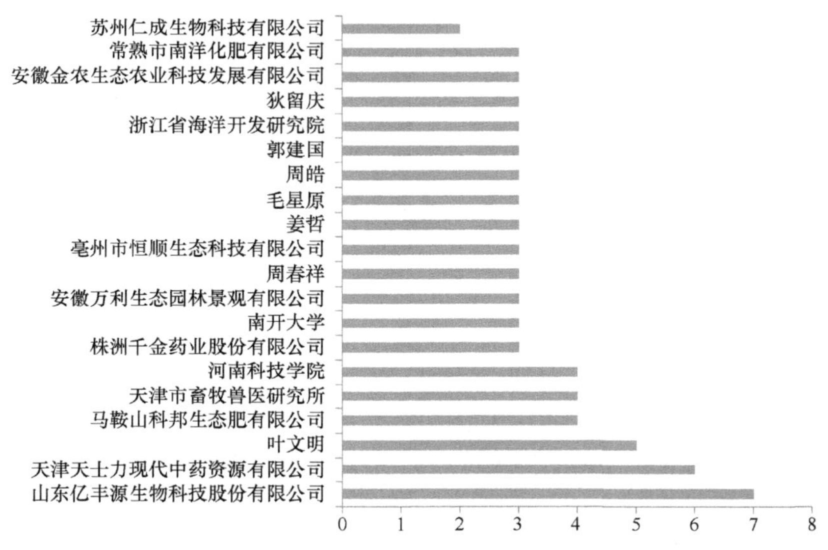

图 2-26　太子参药渣利用专利机构分布

肥效组分的混合物及堆肥制备等，虽然经历了起伏，但是在过去的 10 年里，在这几个方向上的研究和专利申请量总体上是呈上升趋势的，可见将药渣用作饲料和肥料是主流方向。同样，2014 年这几个领域专利申请量的下降很可能是数据不完整造成的。

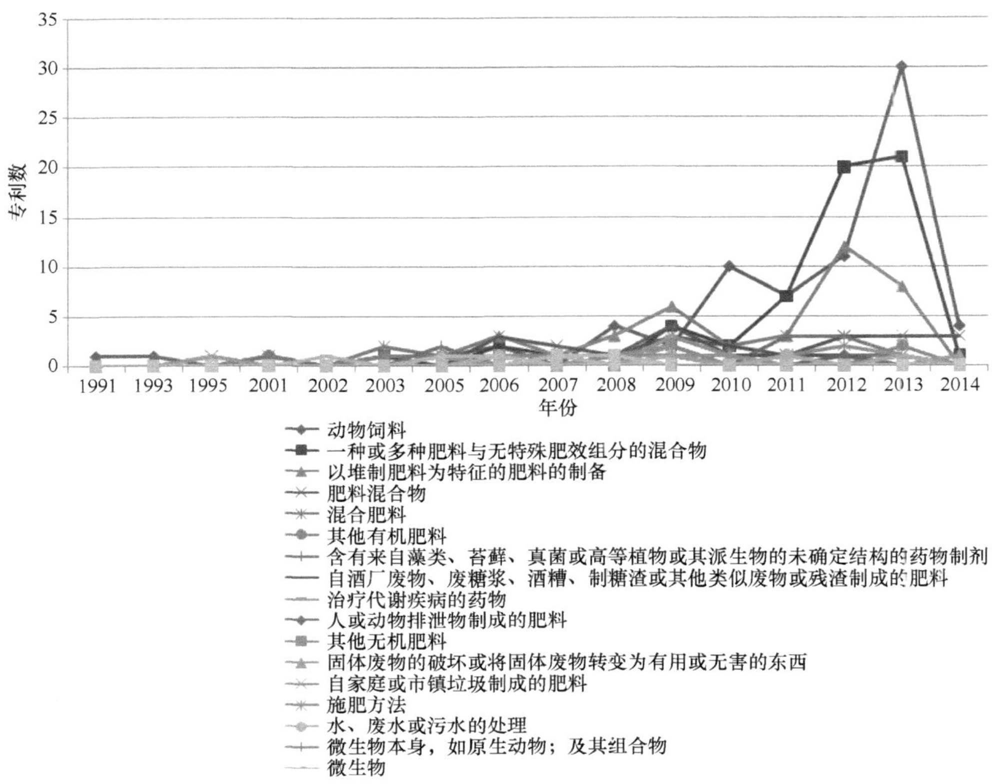

图 2-27 太子参药渣利用专利技术类别年度变化趋势（彩图请扫封底二维码）

虽然太子参产业链上具体的技术领域在近 20 年的变化趋势和规律各有不同，但大体上呈现出一些共同点，即无论是太子参专用复合肥、种苗脱毒、精准栽培、采收加工、活性物质提取方面的专利和技术研究，还是太子参药渣的综合利用方面的专利和技术研究，都在 2006 年左右和 2009 年左右经历了较大幅度的增长。同样，这种共同的趋势可能是由市场行情的变化引发的，太子参在这两个年份因为“非典”“禽流感”等带来的对其市场需求的剧烈攀升和人们对其医疗保健效果认识的日渐深入带来的总体的需求量增长，都加剧了市场上供求关系的矛盾，巨大的市场需求和严重不足的市场供应能力的差距带动了太子参栽培与加工方面的技术研发。因而尽管根据具体情况的不同会有细微差别，但总体上这些技术领域的发展都呈现出了大致相似的态势。

第三章 太子参产业技术要点概述

第一节 太子参种质资源开发利用及新品种选育

一、太子参区划研究

近年来，太子参由于无性繁殖，病毒病严重，产量急剧下降，其种质资源开发利用研究受到重视。根据太子参的资源现状、生物学特性，在探讨药材品质变化的影响因素的研究中，发现太子参在生产种植中缺乏合理布局，受人为主观因素影响较大，再加上太子参存在连作障碍，每年都面临重新选地和产区扩大等问题。而已有的研究报道显示，各地栽培的太子参药材中的有些次生代谢产物含量差异显著。因此，依据药材治疗功效，在明确品质特征的基础上，选择合理的生产种植区域，方能有效保证太子参栽培药材的产量和质量。

生态适宜性区划是基于中药资源和生态环境因子，对中药资源的空间分异规律进行的区域划分，可为中药材科学选址和适宜性种植提供参考。现代药理研究已证明，太子参多糖具有抗应激、抗疲劳、增强免疫力的功效，这与太子参药材益气健脾、补气生津的功效是相一致的，而有学者研究发现不同栽培产区太子参药材中的多糖含量差异并不明显，同时还发现太子参药材外观越饱满的块根中多糖含量越高，符合市场对太子参药材商品等级划分的要求，可作为太子参药材内外品质的评价指标。

综合考虑太子参适宜种植区域和药材质量，运用 ArcGIS 和 MaxEnt 模型，以气候因子、土壤因子、地形因子和植被类型数据为研究基础，筛选出太子参多糖含量较高的产区，进行生态适宜性区划，实现既能保证太子参药材质量又能满足适宜种植生长的区划指导。

其中，气候因子数据根据 1950～2000 年的气象观测数据插值而成（分辨率 1km），包括气温、降水等共 16 个气候因子。土壤因子数据根据第二次全国土地调查提供的《1∶100 万中华人民共和国土壤图》（1995 年编制）制成，土壤分类系统为 FAO-90，主要包括土壤类型、土壤 pH、土壤含沙量、土壤含黏土量、土壤阳离子交换能力、土壤有效含水量等级、有机碳含量。地形因子数据包括高程、坡度、坡向，此外还有植被类型数据。

结果显示，基于太子参多糖指标进行生态适宜性区划，在验证基于环境因子区划结果准确性的同时，可达到既满足适宜种植生长又保证药材质量的目的。

太子参最适宜区主要分布在长江中下游区域，主要有贵州中部，重庆与湖南、湖北接壤处，以及河南南部、安徽西部、江苏中部、福建东北部及浙江北部和东南部区域。

在贵州省施秉县的西北角，牛大场镇率先引种太子参，被大家公认成功，其与野生太子参的相似度为 80%～90%。牛大场镇为施秉县种植太子参的高度适宜区，占整个高度适宜区的 52.2%。而相似度 70%以下地区未见引种报道。因此，在贵州省生态因子与野生太子参生态因子相似度为 80%～100%的县市，完全适宜引种太子参。

应用 ArcGIS 从气候栅格数据库（年均温、3 月平均温、7 月平均温、1 月平均温、湿度、年降水量、日照）、土壤数据库和 $100hm^2$ 的地形栅格数据库中采集野生太子参实生地生态因子数据 420 组，以此为依据，利用中药材产地适宜性分析地理信息系统（TCMGISⅡ）分析贵州省被栅格化的生态因子值，并从中寻找与实生地生态因子相似的区域，作为太子参在贵州省的适生区域。结果显示：太子参实生地生态因子范围：年均温 7.3～21.4℃；3 月平均温–6～12℃；7 月平均温 8.9～27.1℃；1 月平均温–11～7.6℃；湿度 58.8%～82.1%；日照 991～2646h/年；年降水量 556～1410mm；土壤为暗棕壤、紫色土、棕壤、粗骨土、黄红壤、黄棕壤、暗黄棕壤、褐土。在贵州省找到相似度为 80%～100%的适宜太子参种植的区域。威宁、赫章两县作为最适种植区；六盘水市钟山区、盘州、六枝特区、水城县，毕节市织金县、大方县、金沙县、黔西县、纳雍县，遵义市正安县、绥阳县，贵阳市清镇市、修文县，以及安顺市平坝区和普定县等地作为适宜种植区。

二、太子参新品种选育研究

通过在太子参道地主产区调研品种资源，并采集野生太子参进行人工引种驯化，在现有太子参栽培混杂群体系统中筛选分离纯化出的大叶型太子参和小叶型太子参，以及从野外收集到的野生型太子参 3 个品种，确立太子参的品种资源类型。太子参品种资源均为石竹科假繁缕属植物太子参在不同生态环境栽培后分化出的 3 种稳定生态型，其药材品质均符合《中华人民共和国药典》（2015 年版，一部）要求。

（一）大叶型太子参品种

大叶型太子参品种为太子参道地主产区传统种植的大宗主流品种资源之一，多栽培分布于海拔 400～600m 的丘陵生态区；叶片阔卵形，较大，叶和分枝数较多，块根纺锤形，大而较少，为感病型；花粉粒大小 12.26μm×12.27μm，形态为球体，有条纹状纹饰，表面具有散孔，孔数 1～10，环状染色体，从栽种至萌发出苗期 100d，出苗至枯苗的年生育期 94d；生药平均产量 5127kg/hm^2，太子参皂苷 2.39mg/g。该品种低产、抗病力弱、品种退化，但其参体个大、条形美观，应当十分注重该品种的复壮研究。

（二）小叶型太子参品种

小叶型太子参品种也是太子参道地主产区传统种植的主流品种资源之一，多栽培分布于海拔 500～700m 的山地丘陵生态区；叶片长披针形而小，叶和分枝数较少，块根多、小，且根为圆棒形，为较抗病型；花粉粒大小 12.52μm×18.27μm，形态为扁球体，有脑纹状纹饰，表面具有散孔，孔数 3～10，多见染色体“倒位”；从栽种至萌发出苗期 108d，出苗至枯苗的年生育期 91d；生药平均产量 7871kg/hm^2，太子参皂苷 2.28mg/g。该品种为太子参的优良品种资源，是太子参道地主产区的优质高产类型。

（三）野生型太子参品种

野生型太子参品种为太子参道地主产区近年来野生变家种的品种资源，多栽培分布于海拔 700～800m 的山地生态区；叶片长卵形，大小均有，叶和分枝数较少，块根较多、小，且根为胡萝卜形，为抗病型；花粉粒大小 13.29μm×14.36μm，形态为椭球体，有网纹状纹饰，表面具有散孔，孔数 5～16，多见“桥”状染色体；从栽种至萌发出苗期 97d，出苗至枯苗的年生育期 105d；生药平均产量 5223kg/hm^2，太子参皂苷 2.15mg/g。该品种具有高抗病性，是可以进行现有太子参品种提纯复壮杂交的材料。

在栽培过程中，由于各品种区域适宜性、脱毒苗组培等因素，太子参各品种在实际推广中各有利弊，大面积推广均有难度。围绕太子参品种选育工作，山东临沭县农业技术推广站、福建柘荣县农业技术推广中心、贵州昌昊中药发展有限公司等选育了抗毒 1 号、柘参 1 号、柘参 2 号、宣参 1 号、黔太子参 1 号等品种，对提升太子参药材的品种优势、增强生产力起了重要作用。下面分别介绍目前栽培用的常见品种。

1. 抗毒 1 号

抗毒 1 号太子参是山东省临沭县农业技术推广站经过 6 年的定向培育利用本地野生太子参与引进太子参杂交选育出的抗病毒高产新品种，该品种叶片肥大、叶色浓绿、块根肥大，呈纺锤形，须根少，颜色正，抗病性强，产量高，一般亩产干参 200～250kg。

2. 宣参 1 号

宣参 1 号太子参新品种采用系统选育法育成，经过 3 年的试验示范，表现出产量高，抗性强，综合性状优良。安徽省非主要农作物品种审定委员会于 2005 年 5 月给予了鉴定（皖品鉴字第 0506001 号）。宣参 1 号株高 13～20cm，叶片大，叶色浓，茎分枝能力强，株型紧凑，蒴果瘦小，结实率低，种子褐色，多呈扁圆形或长圆状肾形，块根细长纺锤形或似胡萝卜形，皮黄色。一般在 2 月中旬出苗，3 月初齐苗，4 月初开花，5 月初结实，6 月中下旬倒苗，全生育期 130d 左右。平均单产 200kg 左右，高产田块近 300kg。

3. 沭研 1 号

沭研 1 号脱毒太子参是山东省临沭县太子参研究所经 6 年努力选育出的新品种，表现出个头大、发根多、高抗病（尤其高抗病毒病）及商品性好的特点，深受参农欢迎。其株高 15～20cm；块根纺锤形，底部近方形，有短柔毛 2 行，节部膨大，肉质，外皮淡黄色，疏生须根；茎直立，叶对生，下部的叶片窄小，呈倒披针形，叶基渐狭，上部的叶片较大，菱状卵形，叶缘微波状，茎顶端两对叶稍密集且最大，呈十字形排列；花二型，生于茎端总苞内的花大，白色，茎下部的花小，呈紫色；蒴果卵形，熟时下垂，开裂；种子 7～8 粒，扁球形，褐色，表面有疣点。一般 3kg 鲜参加工成 1kg 干货，亩产干参达 200～250kg，比普通品种增产 70kg 左右。

4. 柘参 1 号、柘参 2 号

柘荣县种植主要当家品种，即柘参 1 号、柘参 2 号。从 10 个农家种中筛选出 3 个性状相似的太子参品种，进行统一命名，具有性状稳定、品质上乘、稳产等特点，2003 年 12 月通过福建省非主要农作物品种认定，定名为柘参 1 号和柘参 2 号。

柘参 1 号：植株直立无分枝，茎基部近方形、上部圆、节部略膨大、节间有 2 行短柔毛，株高 10～13cm，叶片卵形、全缘、无波状，叶宽 4.0～5.2cm，叶长 6.7～10.5cm。茎下部花腋生、花小、紫色、萼片 4 片，无花冠，雄蕊 2 枚，雌蕊 1 枚；茎顶端花腋生，花大、白色、萼片 5 片，有 5 片花瓣，雄蕊 10 枚，雌蕊 1 枚。蒴果卵形，含种子 6～8 粒。种子长椭圆形，褐色，千粒重 5.4g。块根纺锤形，长 6～10cm，宽 0.4～0.7cm，淡黄色。种根芽 1～3 枚，白色。

柘参 2 号：植株直立，分枝 4～6 个，茎近方形，节间有 2 行短柔毛，株高 11～14cm，叶片卵状，披针形，叶全缘，微波状，叶长 6.0～9.0cm，宽 2.6～4.3cm。块根胡萝卜形，淡黄色，长 4～8cm，宽 0.3～0.5cm。种根芽 1～3 枚，紫色。

高海拔地区种植太子参应选用柘参 1 号，其抗病性弱、块根性状好、有效成分含量高，市场价格一般较其他品种高 10%～20%。高海拔地区气候温凉，病害发生轻，对抗病性弱的柘参 1 号影响不大，同时高海拔地区种植生育期延长，有利于该品种产量的提高；中低海拔地区则多选择柘参 2 号，适应性、抗病性强，产量高。

5. 黔太子参 1 号

贵州昌昊中药发展有限公司 2009 年起 3 年培育出黔太子参 1 号（2011 年经贵州省农作物品种审定委员会审定）。其株高 10～20cm，茎直立，近方形，节间被 2 列短毛，分枝 5～8 个，略呈紫色。叶对生，色深绿，叶片宽卵形或卵状菱形，顶端渐尖，基部渐狭，上面无毛，下面沿叶脉疏生柔毛，顶部有 2 对大叶，形成十字形。花腋生，聚伞花序。蒴果宽卵形，具种子 6～19 粒，种子褐色，扁圆形，具疣状突起。块根长纺锤形，长约 5cm，直径约 0.5cm，白色，稍带灰黄，苦甜味。花期 3～7 月，果期 4～7 月。抗花叶病较强。生产试验平均亩产鲜品 368.50kg，比对照施秉常规用种增产 36.75%；经加工，折干率比施秉常规用种高 2.86%。该品种适宜贵州省黔东南州、黔南布依族苗族自治州（黔南州）、毕节地区、遵义市、铜仁地区及贵阳市等海拔 750～1700m 的区域。

6. 施太 1 号

贵州中医学院与贵州三泓药业股份有限公司通过对收集的 13 个种源太子参开展系统评价试验，以施秉 SB-4 号种源为材料，通过混合选育、小区试验、区域试验及生产试验，选育了新品种施太 1 号。施太 1 号植株抗病性及抗倒伏性、药材产量和多糖含量、商品一等品率均较优，且在施秉不同区域施太 1 号的产量相对稳定，表明施太 1 号为适宜贵州太子参主产区的优良品种，值得进一步推广。

三、太子参种质资源的综合特性

种质资源是药用植物生产的源头，种质的优劣对药材的产量和质量具有决定性的作用。农艺性状主要是指可以代表作物品质特征的相关性状，具有直观、便于观察及与作物的生产直接关联等特点，农艺性状主要是植物的表型特征，表型多样性主要研究表型性状在该物种内的变异程度和变异规律，它是遗传多样性与环境多样性的综合表现。表型多样性是遗传多样性的重要基础，目前已成为中药资源评价的热点之一。

太子参作为常用大宗中药材，目前国内外关于太子参种质资源的研究主要集中在化学成分、遗传多样性、指纹图谱等方面。关于栽培太子参种质农艺性状的生长特性、形态特征变异及各性状间相互关系的研究还较少。

种质资源的遗传多样性是育种工作的基础，新品种的选育有赖于优良基因的发现和利用，目前农艺性状的测定与描述仍然是种质资源研究最基本的方法和途径。对太子参种质资源形态多样性的分析表明，其农艺性状如叶长、叶宽、株高、全株长和鲜根、直径等多个性状的遗传多样性指数较高，说明太子参种质存在较丰富的遗传多样性，为太子参种质选育提供了良好的物质基础。在各农艺性状的变异系数中，叶片数、叶干重、闭锁果数、一级分枝数、总生物量、地下生物量、地上生物量、块根数等的变异系数较高，说明这些性状具有较大的选择范围，利用现有的种质资源筛选出高产的太子参品种或品系成为可能。

农艺性状的统计分析对于指导亲本选择、合理搭配组合确实有实际意义，但其只是对太子参种质资源进行了农艺性状（表型性状）的测量、评价及优良性状的筛选，此方法较易受生态环境和人为因素的影响。随着分子生药学的建立和发展，分子标记技术在评价中药种质资源方面已经有较多的报道，可以利用分子生药学的研究方法及其技术，同时结合太子参农艺性状的形态学特征，以更加准确地把握遗传多样性的本质，更好地为太子参品种的选育和优良种质资源的保存提供有益的信息。应用重复性、稳定性好的技术分析太子参的遗传多样性，揭示太子参遗传变异幅度及其规律，为太子参优良种质资源筛选、后代遗传变异水平评价及今后的品系（品种）选育提供依据。

太子参种源内的基因多样性丰富，但其种源间的基因多样性较低，即种源内不同植株的多态性较高，个体差异较大，说明现今栽培太子参种源间的基因交流频繁，遗传分化程度很小。究其原因，近年来，太子参的栽培主要集中在贵州黔东南、安徽宣城、江苏句容、江苏南京、福建柘荣等地区。各地的栽培太子参为几个大的种源，随着太子参药材的需求量逐渐增加，引种栽培地增多，各地种植户一方面自发地四处寻找种子种苗种植，另一方面种植企业为了解决种源退化和获得最大利益，又相互大量从各省买种或卖种，人为影响下使太子参各种源间的基因交流机会加大，种源混杂现象严重。

太子参具有种子繁殖和根茎繁殖两种繁育方式。野生太子参在原始生境基本上靠这两种繁殖方式维持种源较高的遗传多样性，种子繁殖为种源间的基因重组提供了机会，有助于维持个体和种源的遗传多样性，这使太子参总体多态性较高。而目前太子参主要是以块根进行繁殖的，且逸生种种源单一，生境狭小，块根繁殖和相对狭小的生境使其遗传较为稳定，减少基因重组和基因漂变。

随着太子参栽培产区的扩大、目前种源交流的频繁与缺乏科学管理，其基因背景更加复杂，从中寻找、筛选遗传多样性丰富、指标含量较高、符合人工种植发展的种源进行保护、选育是太子参药材产业发展的必由之路，任重而道远。

第二节　太子参栽培技术

在种植方面，贵州省开展了不同种植方式对太子参产量和品质的影响，不同种植方式下太子参土壤中重金属的分布，以及连作障碍防控技术等研究。

在太子参肥料研究方面，贵州省已经开展了不同肥力搭配对太子参品质和产量的影响研究，包括微生物菌肥、不同组合的有机复合肥等。另外，针对不同氮、钾施肥量对太子参生育期、经济性状和产量的影响也开展了相应研究。

目前贵州省针对太子参病虫害的研究较多，早在2003年，贵州大学就开展了针对贵州省中草药病虫害现状的调研。针对太子参病虫害，很多学者对贵州施秉、黔南、瓮安、余庆、玉屏等地的太子参病虫害开展了发生规律及防治对策研究，探讨了太子参花叶病、真菌病、黑斑病、根腐病等各种病害的防治措施。太子参病虫害的防治要多种措施并举，学者们分别提出了留种、栽培、施肥、农药使用、田间管理等多个环节的防治办法。

一、太子参种苗标准

目前，太子参栽培以无性繁殖为主，由于长期采用无性繁殖栽培，太子参病害加剧、种质退化、品质劣变严重。有性繁殖是太子参进行脱毒复壮、优良品种繁育的有效途径。但由于太子参果期较长，受自然环境影响较大，种子成熟度不一致，且农户小规模种子处理，干燥和储藏条件存在差异，同时太子参种子存在休眠现象，造成太子参种子出苗率低且出苗不整齐等现象。为规范太子参种子检验标准和稳定其药材质量，通过对太子参种子净度、千粒重、含水量、生活力和发芽率等主要品质检验指标进行研究，初步建立太子参种子检验规程并制定其质量分级标准，用于规范太子参种子的生产和经营，避免不合格太子参种子用于生产而带来的损失，使太子参药材的种植在种子种苗的源头上向可控化、标准化发展。

（一）取样

采用“徒手减半法”分取试验样品，把整堆种子分成两半，每一半再对分一次，合并和保留交错部分，直至分得所需的样品质量为止。

（二）净度分析

检查并挑出与太子参种子在大小和质量上有明显差距且严重影响结果的重型杂质（如土块、小石块、莲叶等）；使用筛子、镊子等辅助仪器设备或手段，在不损伤种子的基础上，根据种子的表型特征，在种子净度工作台上进行分离，将试样分离成种子、其他植物种子和杂质（废种子、果皮和果柄、泥沙及其他）三种成分。

（三）质量测定

可采用百粒法、五百粒法、千粒法来测定太子参种子质量。百粒法种子质量过小，不利于常规称量操作，且变异系数较大，测量误差也较大，不宜作为太子参种子的质量测定法；五百粒法和千粒法变异系数较小，测定值真实可靠，都可以用于太子参种子的质量测定，在实际操作中五百粒法可以减少工作量，故选用五百粒法作为太子参种子质量测定的方法。

（四）种子吸水速率的测定

将风干的太子参种子 0.5g 浸泡在盛满水的烧杯中；置于 25℃水浴锅中，每 12h 换水一次；每隔 2h 取出种子，在吸水纸上吸干表面水分，称重，记录，并计算吸水百分比。重复 3 次，取其平均值绘制吸水速率图。

（五）真实性鉴定

采用种子外观形态法，通过对种子形态、大小、颜色等表面特征的鉴定能够快速地检验太子参种子的真实性。

（六）水分测定

在国际种子检验协会（ISTA）国际种子检验规程和我国农作物种子检验规程 GB/T 3543.6—1995 中，种子水分测定的标准方法是烘干减重法，包括高水分种子预先烘干法、高温烘干法和低温烘干法。

（七）生活力测定

分为红墨水染色法和四唑染色测定法（TTC 染色法）。其中红墨水染色法选用 5%红墨水，优选种子水浸预湿时间、染色温度和染色时间；再用优选出来的水浸预湿时间、染色温度和染色时间来筛选红墨水浓度。而 TTC 染色法主要选择 TTC 溶液浓度、染色时间、染色温度和预湿时间 4 个因素，每个因素选择 3 个水平，设定因素水平表，按最佳预湿时间、染色温度、染色时间、TTC 溶液浓度进行验证试验，3 次重复，每次 30 粒。根据国际种子检验协会活力测定委员会编写的《种苗评定与种子活力测定方法手册》，推荐电导测定和加速老化试验两种种子生活力测定方法。种子生活力判断标准参见表 3-1。

表 3-1　种子生活力判断标准

有生活力种子	无生活力种子
a. 胚全部染色	a. 胚完全不染色
b.子叶远胚根一端≤1/3 不染色，其余部分全染色	b. 子叶近胚根处不染色
c. 子叶侧边总面积≤1/3 不染色，其余部分全染色	c. 胚根不染色
	d. 子叶不染色总面积＞1/3
	e. 胚染色异常，且组织软腐

（八）发芽率测定

发芽试验的目的是测定种子批的最大发芽潜力，据此比较不同种子批的质量，估测田间播种价值，记录从培养开始至第15天的各处理太子参种子发芽数，并计算发芽率。太子参种子可以发芽率、千粒重、含水量和净度作为质量分级标准的评价指标。在这些指标中，发芽率最为重要，直接反映种子在田间的出苗率，千粒重可反映种子的饱满程度和种子的成熟度等。净度和含水量则是通过后期加工加以改变，该项指标主要影响种子的经济价值，对种子的质量影响较小。因此，以发芽率和千粒重作为太子参种子分级的主要指标，而含水量和净度作为其分级的重要参考指标。

种子的优劣是保障中药材能否稳定、高产和质优等的重要因素，特别是纯天然、无公害的中药材生产，更离不开种子的质量控制。我国中药材种子种苗还未形成独立产业，仍是中药材生产的附属，处于一种自产自销的原始生产状态，种子的假冒伪劣问题严重。

二、太子参栽培与管理

（一）太子参种植基地的选择

太子参是多年生草本植物，喜凉爽气候，有较强的耐寒性；怕水涝，忌高温。太子参种子吸水膨胀后，一般在地温8～10℃时就能发芽，以20℃发芽最快，仅需5～10天。幼苗期要求土壤湿润，忌强光直射，成株后高温季节仍需适当遮阴。

太子参是浅根作物，要求土质疏松、透水透气性能良好的砂质壤土。土壤反应以微酸为好。凡黏重板结、含水量大的黏土及瘠薄、地下水位高、低洼易积水之地均不宜种植。忌连作。

（二）太子参种植生产基地的选择

建立的太子参种植生产基地须是太子参生长的最适宜区（表3-2），并有与之相适应的环境条件。按GAP（Good Agriculture Practice）认证要求，大气环境应符合

表3-2　太子参基地土壤因子适宜性范围

土壤因子	适宜范围	土壤因子	适宜范围
土壤质地	重壤土、轻黏土	速效钾（mg/kg）	>100
团聚体稳定度（%）	40～55	有效硫（mg/kg）	>5
pH	5.5～6.5	有效Fe（mg/kg）	>10.00
有机质（g/kg）	>30	有效Mn（mg/kg）	>10.00
全氮（g/kg）	>1.5	有效Cu（mg/kg）	>1.50
有效磷（mg/kg）	>20	有效Zn（mg/kg）	>1.00

《环境空气质量标准》（GB 3095—2012）二级标准；土壤环境条件符合《土壤环境质量标准》（GB 5618—1995）二级标准；灌溉水符合《农田灌溉水质标准》（GB 5084—2005）。太子参生产基地选择原则：远离主干公路及污染源，交通方便，坡度＜30°，连片或相对连片，光照充足，近水源，土层深厚，肥沃疏松，腐殖质或有机质含量丰富，保水保肥良好，土壤酸碱度适中的壤土。

（三）施秉太子参产区的自然条件

太子参是近几十年来由野生变为家种的一种常用药材，最初以福建、安徽、江苏等地为主要生产区。贵州省施秉县从 1992 年开始引种栽培，主要是利用荒山、荒地进行种植。贵州省食品药品检验所和贵州中医药大学等部门的检测结果表明，贵州省施秉县生产的太子参总皂苷含量为 0.213%，总黄酮含量为 0.054%，氨基酸总量为 10.041%（其中人体必需氨基酸为 3.629%，占氨基酸总量的 36.14%），从综合指标来看，略高于其他产区。经过多年发展，贵州省施秉县太子参不仅产量占全国二分之一，还是全国太子参市场主要集散地之一，享有“中国太子参之乡”美誉，规范化种植已超 10 万亩，产量近 2 万 t，具有较成熟的太子参种植经验。相关数据显示，施秉太子参产区基地的土壤、水质、大气等环境因素均适宜建立太子参生产种植基地。

施秉县地处贵州东南部、云贵高原东部，海拔在 486～1869m，境内山脉纵横，丘陵起伏，属亚热带季风湿润气候，年平均气温 16℃，无霜期 255～294d，光能年总辐射量 84.44kcal[①]/cm^2，年降雨量 1060～1200mm。夏无酷暑，冬无严寒，十分有利于植物生长。

施秉太子参产区土壤以黄壤、红壤和黑色石灰土为主，中性偏微酸性，土质肥沃，富含有机质，属富钾缺磷地区，土质疏松、排灌条件好的地区适宜太子参生长。

土壤 pH 为 4.7～5.4，平均黏粒含量为 12.47%～19.03%，容重为 1.17～1.30g/cm^3，有机质含量为（29.29±3.73）g/kg，全氮为（1.87±0.12）g/kg，全磷为（0.49±0.46）g/kg，全钾为（27.36±1.25）g/kg，碱解氮含量为（121.60±2.72）mg/kg，有效磷含量为（16.36±0.85）mg/kg，速效钾含量为（165.15±18.55）mg/kg，缓效钾含量为（114.37±25.42）mg/kg。土壤具有潜在的微量元素供应水平，Mo 含量为 1.84～2.13mg/kg，Mn 含量为 54.34～545.28mg/kg。

（四）块根繁殖方法

因太子参是蒴果，种子成熟不一致，蒴果开裂，种子自然脱落，不易采收。一般都是利用太子参收获后，就地培育幼苗，施秉太子参基地生产采用块根作为种栽繁殖材料进行无性繁殖。

---

① 1cal=4.184J

选种时间：6 月中旬，根据第二年的种植面积（1∶10）选择植株健壮、无病虫者作为留种田。确定留种田后每隔 15 天喷施两次 0.2%的磷酸二氢钾，以有利于根内干物质的积累，培养优质种根。发现病株及时拔除，如根部病害还应进行土壤消毒。

选种标准：一般满足 4 点，即种栽纯正；植株叶色深绿，无斑点；植株生长健壮；周围环境无污染。

种根采集方法：为了更好地培育太子参种栽，必须采集优良的太子参种根。建立太子参规范种子田，专供采种用。其中太子参种栽推荐质量标准参见表 3-3，种子标准及注意事项参见表 3-4。

表 3-3　太子参种栽推荐质量标准

项目	一级参根	二级参根	三级参根
净度（%）	≥85	80～85	<80
参根直径（mm）	≥4.0	3.0～4.0	<3.0
参根带芽（%）	≥85	75～85	<75
损伤率（%）	≤10	10～15	>15
百粒重（g）	≥45	35～45	<35

表 3-4　种子标准及注意事项

种子选用标准	选用注意事项
a. 种栽纯正	a. 操作过程中尽量不损伤种根
b. 芽饱满，根茎充实，生命力强，无病虫害及腐烂部分	b. 收获后不宜暴晒和长期堆积
c. 芽短粗，抗病力强	c. 无性繁殖不能超过 5 代
d. 粗细均匀	d. 种苗移栽种植

种根采集时间：10 月中旬种植前采挖种根。

采集工具：农用小锄头（长 15cm、宽 6cm）、竹篓（长 50cm、宽 40cm、高 80cm）。

（五）种苗定植

选地：选土壤肥沃、排灌方便的沙壤地，要土层厚度 40cm 以上。为防止土壤板结须施足有机肥并深翻，施农家肥 1000kg/亩，磷酸氢二铵 15kg/亩，普钙 20kg/亩。农具有拖拉机、耱、木犁、方锨、锄头（25cm×5cm）、钉齿耙（齿长 10cm、齿距 3cm）。

移栽时间：11 月左右和起苗同一时间，随挖随栽。

选苗：选芽饱满、无根皮损伤、主根粗壮、无病虫害的根作种苗。

移栽方法：按行距 15cm、株距 6cm 用锄头斜向开沟，沟深 6～9cm，平栽，芽距地面 5cm 左右，轻覆土，盖好，栽 50 000～60 000 株/亩。

（六）田间管理

施肥：根据太子参根系生长的特点，太子参属于吸肥力中等的药用植物。一般在太子参一个生长季节只需施用 2～3 次肥料。本着“以基肥为主，追肥为辅；基肥以有机肥为主，无机肥料为辅”的原则，进行田间施肥管理。

在叶色黄时追肥 10～15kg/亩的磷酸氢二铵，于开花后追肥过磷酸钙 5kg/亩。

中耕除草：第一次锄草于 3 月初，第二次中耕锄草于 4 月中，第三次锄草于 5 月中。采用铲子（8cm×30cm）、锄头（15cm×5cm）、竹篮（30cm×50cm×50cm）等工具。

除草方法：第一次锄草用铲子松土，深度约 3cm 破除板结，铲除杂草；第二次浅锄表土，防止动根伤苗；第三次封垄前拔除杂草，注意防止动根伤苗。

定苗：在 4 月中旬结合第二次中耕锄草，即封垄前拔除病株、弱株。

田间灌溉：太子参出苗初期需水较多，遇干旱季节注意灌水，生长后期高温干旱天气易造成提前倒苗，可通过灌水、降温来延长生长期，促使根部营养积累，提高产量和质量。

田间排水：太子参喜湿怕涝，在整个生长期内，雨季要经常注意田间排水。雨季到来时应在田间挖出几道排水沟，确保雨水的通畅排出。

留种：从生产田中选主根粗壮、无病虫害的植株留种。

三、太子参常见虫害及防治现状

坚持应用《绿色食品 农药使用准则》农业标准（NY/T393—2013），保证药材重金属含量、有机氯含量不超标，在农药使用上应以预防为主，也可以在发病期选用适量低毒、无残留的农药，最好使用生物防治。

（一）根结线虫

目前，贵州省太子参产区普遍存在连作现象，且多以块根作为繁殖材料，应注重根结线虫防治。田间注意观察，若地上部分植株大小不一、叶片小、叶色变浅、变黄、似缺素症，应检查根系有无瘤状物根结，若有，可采用路富达（41.7%氟吡菌酰胺悬浮剂）15 000 倍液＋沃生（中微量元素水溶肥）1000 倍液，在植株茎基部周围均匀喷淋并渗透到根部，药液量为 1.5L/m^2，可有效防治根结线虫，提高产量和品质。

（二）蚜虫

太子参出苗后，越冬代蚜虫迁入为害，为害盛期在4月上旬至6月下旬，除直接刺吸太子参叶片汁液为害外，还是太子参重要病害之一——病毒病的传播媒介。

防治措施：结合病毒病防治，选用敌杀死（25g/L溴氰菊酯乳油）1500倍液，或极显（17%氟吡呋喃酮可溶液剂）3000倍液，或亩旺特（22.4%螺虫乙酯悬浮剂）3000倍液，或稳特（22%螺虫・噻虫啉悬浮剂）3000倍液喷雾防治，切断病毒传播媒介。

（三）小地老虎、蛴螬

小地老虎幼虫危害幼苗，咬断幼苗根茎，造成缺窝断行。蛴螬以幼虫在地下啃食太子参块根，咬断幼苗根茎，致使全株死亡，严重时造成缺苗断行。

防治措施：出苗整齐后，应立即开始防治，使用敌杀死（25g/L溴氰菊酯乳油）1500倍液均匀喷雾。

四、太子参病害及防治现状

太子参的最主要病害有叶斑病、病毒病、根腐病等。可采用合理密植，注意田间排水，栽种前块根用25%的多菌灵200倍液浸种10min，发病期用50%多菌灵800～1000倍液防治。

（一）叶斑病

太子参叶斑病是太子参生产上的主要病害之一，严重影响太子参的生产。

太子参叶斑病是由半知菌亚门叶点霉属真菌侵染引起，发病初期植株下部叶片受害，逐渐向上扩展蔓延，在4月中下旬开始发病，5月中旬达到发病高峰。发病叶片先出现灰白色圆形小枯斑，周围黄晕，病斑扩大后叶片长出颗粒状黑色小点，病斑排列成轮纹状，后期几个病斑连接成不规则大斑，老病斑中央穿孔，整叶枯死，发病严重的整株倒苗枯死，严重影响产量和品质。

防治措施：30%苯醚甲环唑・丙环唑微乳剂对太子参叶斑病的防治效果好，使用该药剂防治太子参叶斑病，在初花期开始施药，隔7d后再施一次药，每667m^2用27g兑水50kg，药液均匀喷雾全株。或于病发后，在发病中心使用拿敌稳（75%肟菌・戊唑醇水分散粒剂）3000倍液，或露娜润（35%氟菌・戊唑醇悬浮剂）2000倍液或露娜森（43%氟菌・肟菌酯悬浮剂）2500倍液，或稳腾（30%肟菌・戊唑醇悬浮剂）1500倍液，同时加入安泰生（70%丙森锌可湿性粉剂）600倍液＋沃生（中微量元素水溶肥）1000倍液，叶面均匀喷雾，可防病、补充中微量元素、促长，提高产量和品质。

（二）猝倒病

太子参猝倒病在出苗阶段发生重，尤其遇早春阴雨天气，每年在3月中下旬至4月上旬发病，种子繁殖田发病重。幼苗从茎基部感病，最初在幼茎基部出现水渍状病斑，之后病部变成黄褐色，扩展至整个地下茎，引起茎基部干瘪收缩成线状，病情发展迅速，幼叶仍为绿色、萎蔫前即从茎基部倒伏贴于厢面，发生猝倒。厢面湿度大时，病残体及周围床土上产生一层絮状白霉。该病以块根种植多年发病重。

防治措施：田间一旦发现病株应立即拔除销毁，并使用普力克（722g/L霜霉威盐酸盐水剂）750倍液＋沃生（中微量元素水溶肥）1000倍液＋瑞苗清（30%甲霜•噁霉灵水剂）1500倍液＋碧护（0.136%赤•吲乙•芸苔可湿性粉剂）7500倍液在全田植株茎基部周围均匀喷淋并渗透到根部，可防病、促壮苗。

（三）病毒病

太子参病毒病又称太子参花叶病，3月开始发病，叶片褪绿、花叶及卷曲畸形，病情逐渐扩展，5月上旬达到发病高峰期。发病植株全株矮小，叶上呈现斑驳花叶，叶片皱缩，病株块根瘦小、数量少。主要传播途径是种根带毒、土壤中残余的块根带毒，以及蚜虫传毒。由于太子参栽培均以块根进行无性繁殖，长年累月体内侵染并积累了多种病毒，在发病严重的田间，发病率和种根带毒率平均可达90%左右。

防治措施如下。

1）热处理脱毒，热处理即在不使植物受损而病毒又可以被钝化的一定高温条件下处理。一般温度为40～50℃。一般经过热处理后，病毒在寄主体内传播速度会减弱或停止传播。

2）茎尖脱毒，太子参进行组织培养，可以获得太子参无毒苗，并在无病毒苗圃环境下对其进行快繁，经1～2代繁殖后即可为大田提供生产种。

3）种子繁殖，太子参种子经10% Na_3PO_4浸泡20min可以完全去除种子内外的病毒，但是太子参成熟种子具有休眠特性，必须经过一定的低温处理才能发芽生长，难以用于大规模的生产。

4）物理防治，选择无病株留种，并及时清除种子田中的病残体；田块选择。选择3年以上不种植太子参的田块进行种植，或与种植禾本科作物的田块进行轮作，并建好良好的排水、排气沟渠；肥水管理，对不同时期的太子参植株施足底肥，在一定的生长时期增施磷、钾肥，满足其生长的需求并保持土壤湿润，可以提高植株自身抗病能力；除草处理；及时处理田块周边的杂草，以防病毒寄生于杂草；清理田块。在太子参收获结束后，要对植株残茬、病残组织及杂草进行焚烧，同时应提早深翻土地，破坏害虫的生长及越冬环境，以减少病毒的寄主，有效地控制其传播。

5）药剂防治，对种根进行药剂消毒。在播种前，对种根进行一定的消毒，如利用 0.1%高锰酸钾溶液或 10%磷酸三钠溶液进行消毒，可以有效地防治病毒病的发生；出苗后开始防治病毒病，使用安泰生（70%丙森锌可湿性粉剂）600 倍液＋沃生（中微量元素水溶肥）1000 倍液＋碧护（0.136%赤・吲乙・芸苔可湿性粉剂）7500 倍液均匀喷雾，以增强植株活力，抑制病毒危害；在太子参生长期间，可选用 10%吡虫啉、25%吡蚜酮灭杀蚜虫，以避免虫媒传播。

（四）根腐病

土地面积有限，导致连作现象普遍，而连作导致产量降低、病虫害严重，特别是根腐病发病十分严重。

与当地常规施肥（即 300kg/hm^2 复合肥、750kg/hm^2 磷肥、150kg/hm^2 钾肥）相比，增施磷肥、钾肥、菌肥，即施用 300kg/hm^2 复合肥、1500kg/hm^2 磷肥、300kg/hm^2 钾肥、30kg/hm^2 菌肥，植株的株高、叶片数、地上部分生物量、产量极显著增加，块根的发病率、病情指数明显降低，从单个太子参块根外观形状来看，增施磷肥、钾肥，块根外观形状较好，且单个块根质量也较高；选用的菌肥对太子参植株生长有一定影响，还能提高太子参块根的外观品质，增加单个块根的质量及产量。菌肥的种类较多，也有报道表明其他菌肥对太子参的生长及产量有较大影响。

病害始见期为 3 月中旬，4 月下旬至 5 月上旬开始发病，5 月中下旬后发病较重。发病初期，先由须根变褐腐烂，逐渐向主根蔓延，最后导致全根腐烂，地上茎叶自下而上枯萎，最终全株枯死。根腐病的发生与地下害虫危害造成的伤口有关，同时在土壤湿度大、雨水过多、土壤排水不良等条件下发生严重，危害严重时造成绝收。

防治措施：田间一旦发现病株应立即拔除销毁，并使用普力克（722g/L 霜霉威盐酸盐水剂）750 倍液＋沃生（中微量元素水溶肥）1000 倍液＋瑞苗清（30%甲霜・噁霉灵水剂）1500 倍液＋入田（24.1%异噻菌胺・肟菌酯悬浮种衣剂）2000 倍液＋碧护（0.136%赤・吲乙・芸苔可湿性粉剂）7500 倍液在全田植株茎基部周围均匀喷淋并渗透到根部。

（五）紫纹羽病

紫纹羽病是太子参的常见病害之一，属土传、种传病害，土壤中的病根和带病参种是传播的主要途径，防治难度大。一般年份 6 月下旬至 7 月上旬开始发病，生长后期至留种期发病重，偏酸性沙壤土、土壤排水不良地块易发病。太子参田紫纹羽病发病时，先出现中心病株，后向周围扩散。被害根表面可见紫褐色丝缕状菌丝，菌丝纠结成根状菌索，菌索纵横交错呈网状。根茎染病，叶面生长缓慢，细小，叶色发黄，下部叶提早脱落，叶梢先端或细小枝枯死，最后整株死亡。

防治措施：田间一旦发现病株应立即拔除销毁，并使用瑞苗清（30%甲霜·噁霉灵水剂）1500 倍液+入田（24.1%异噻菌胺·肟菌酯悬浮种衣剂）2000 倍液＋沃生（中微量元素水溶肥）1000 倍液＋碧护（0.136%赤·吲乙·芸苔可湿性粉剂）7500 倍液在全田植株茎基部周围均匀喷淋并渗透到根部，提高抗病力。

五、太子参种苗复壮技术

（一）选种

时间在 6 月中旬，选择母本纯正、植株叶色深绿、无斑点、植株生长健壮无病、周围环境无污染的作为选种植株。

（二）采种

建立太子参规范种子田，专供采种用。应选择生长健壮的植株采种，生长不良或不正常、株形不佳、有病虫害感染的植株不宜采种。采收注意事项参见表 3-5。

表 3-5 采收注意事项

种子成熟标准	采收保存标准
a. 蒴果开裂，种子自然散落	a. 太子参开花不齐，随采随收
b. 外种皮密生瘤刺状突起	b. 种子成熟且蒴果未开裂前采收
c. 种皮豆沙色，种脐在种子的腹面基部	c. 种子采收后不能暴晒 d. 种子干燥后发芽率降低，贮藏时应放在低温湿润处

（三）时间

3 年生花期 3～6 月，种子约花后 1 个月成熟，太子参是边生长、边开花、边结果，因此采种要随熟随采，一般在上午 10 时露水干后采种。

（四）工具

工具有家用小剪刀、白色棉线手套、背篓（60cm×60cm×80cm）、棚布（3m×4m）、竹筛（孔径 5mm×5mm）。

（五）种子贮藏

贮藏选种：采种后阴干 3～5 天，待蒴果全部开裂后进行种子筛选，选除果皮等杂物、未成熟种子、霉变种子等。

贮藏工具：木箱（60cm×60cm×80cm）、细河沙（直径小于 2mm）。

贮藏方法：在木箱底部垫 8～10cm 的湿河沙，将选好的种子均匀铺 3～5cm 厚一层，再盖 5cm 河沙，再铺种子，每箱放种子 5～6 层，最后上面盖 10cm 河沙。置室内阴凉处备用。

注意事项：果实阴干过程避免受热、受潮、种子干燥（会降低种子发芽率）。

第三节　太子参生产与流通技术

中药材商品规格等级标准作为市场商品流通中的重要组成部分，对约束市场秩序、保证药材质量具有重要意义。国务院发布的《中药材保护和发展规划（2015—2020 年）》也明确提出了“完善中药材流通行业规范，完善常用中药材商品规格等级”的重要任务。根类药材作为中药材中的一大类，其传统规格等级的划分复杂，而在现行等级标准的制定上尚缺少较为合理的研究模式。

太子参药材储藏、养护、炮制及产品质量评价是生产流通环节的关键技术，主要体现在对各种采收和加工方法生产的太子参的微量元素等化学成分及对人体有害的重金属含量的检验上。不当的采收时间和加工方法都会导致太子参中有益微量元素等化学成分的流失及重金属含量超标，从而影响太子参作为药品的价值。在太子参的加工炮制研究中，主要集中在炮制方法的改进方面，太子参规范化加工方法是：夏季茎叶大部分枯萎时采挖、洗净、除去须根、置沸水中略烫后晒干或直接晒干。不同的加工方法将对太子参的多糖含量产生影响，同时须根也是影响太子参重金属含量的重要因素。贵州师范大学开展的关于“贵州太子参种植基地土壤和药材中重金属及有机氯农药残留的研究”发现，在太子参加工过程中，去掉须根是降低太子参中重金属含量的一种方法。

此外，太子参的质量控制研究主要围绕太子参环肽 B、皂苷、多糖等物质的含量检测及不同检测方法的应用开展。分光光度法、高效液相色谱法（HPLC）、气相色谱-质谱法（GC-MS）均已应用于太子参有效成分的检测中，指纹图谱法已成为主要的检测手段。贵州省较早即开始了在太子参质量控制方面的相关研究，采用高效液相色谱法（HPLC）、紫外-可见分光光度法（UV-VIS）、GC-MS-DS 联用分析技术等开展了太子参环肽 B、核苷类成分、多糖、重金属与有机氯农药等物质的含量测定研究。

一、太子参商品质量标准

中药材商品规格等级形成是一个自然的历史过程，在《范子计然》《本草经集注》《千金翼方》《本草纲目》等著作中均有记载，如南北朝时期的《本草经集注》记载的 30 多种药材中就有 90 多种规格。直到新中国成立后，我国才颁布了具有约束力的中药材商品规格等级标准，分别为 1959 年的《36 种药材商品规格标准》、1964 年的《54 种药材商品规格标准》和 1984 年的《七十六种药材商品规格标准》。在这发展过程中，商品规格、等级逐渐成熟并延续至今。所谓商品的规格，就是某一中药材在流通过程中形成的，用于区分不同交易品类的“标准”，且不同规格之间可以有优劣之分，也可以无优劣之分。商品的等级是在一个商品规格下，用于区分质量优劣的交易品种的“标准”，不同等级之间存在质量差异。可以这样认为，规格、等级的划分是满足人们不同消费需求的必然结果，规格、等级最终要从价值上予以体现，没有价值的区别，规格、等级的划分也失去了现实的意义。

中药材作为一种特殊的商品，自古以来就形成了通过“看货评级、分档议价”“辨状论质”来评价药材品质的传统经验方法。所谓“辨状论质”，即根据药材外观性状所表现出来的特点，来判断药材的真伪优劣，是传统经验鉴别的精髓，并一直应用于中药材商品规格等级划分中。虽然有人提出以有效成分含量为标准替代经验鉴别的质量标准，但在药材商品经营和流通方面是行不通的，市场上仍然以经验鉴别的标准为主来分档议价。尤其对于根类药材来说，市场上从来就是以根茎的价格来核算，并不是以药用部位有效成分含量来评价的。因此，这种根据经验鉴别中药材的方式不但过去、现在如此，即使将来也难以改变。可以说，“辨状论质”这一传统理念在维护中药材商品市场流通秩序、保证中药产业良好发展过程中一直发挥着重要指导作用，这也保证了中药材的价值在一定程度上得到合理体现。

根类药材作为中药材中的大类，在商品规格等级的划分上有其自己的特点。根类药材商品规格等级的特点并不在于它的规格划分（基源、药用部位、产地、加工方法、采收时间、野生与家种），而是在于其等级划分指标的选择上。在外观性状上一般会选择长度、上中部直径、中部直径、芦下直径、每千克的支数/个数等指标来分等分级，评价药材优劣。这是人们在长期的生产实践中逐渐形成和积累的结果。故在实际研究中要具体情况具体分析，既要考虑到市场流通中的可操作性，又要充分体现药材的特点和价值。在商品规格等级标准制定中，除对药材外观进行文字描述外，量化指标更能体现药材的特征属性。在商品药材质量评价上，除传统的经验鉴别外，目前还有一些新技术新方法，如使用电子鼻、电子舌、机器视觉技术来评价药材外观性状特征；采用灰色关联分析方法评价商品药材的内在质量；将生物效价的理念和模式应用到药材内在质量控制中。这些研究在技术方法上为科学全面制定中药材商品规格等级标准提供了有力补充。中药材商品规格等级标准最终要在市场上流通。而考虑到可操作性和实用性，商品药材质量优劣评判还是采取以感官评价为主、化学评价和生物评价为辅的研究模式。

在标准制定过程中，存在的问题是多方面的，从种植管理到采收加工，从市场流通到科学研究，每个环节都是影响标准的可行性的重要因素。对于根类药材来说，种植过程中存在滥用农药的现象，如媒体报道的膨大剂、壮根灵类农药可增加根类药材产量，但过度使用就严重影响了药材的质量，包括外观大小、色味及药效成分等，而这些因素的变化严重影响了中药商品属性。

中药材外观大小、色泽、质地等感官特征对于评价药材优劣是最直观和重要的，尤其是在制定商品规格等级标准中。传统的感官评价方法大多是主观描述性指标，这种指标准确性相对较差、经验传承困难、评判结果重现性差，而量化指标对于市场化、商品化药材流通来说，直观、方便、具体，又易于理解。因此，中药材感官评价的定量化研究在商品规格等级制定中是很有必要的。根类药材相比于其他类型药材更容易从大小等量化指标上进行评价研究。在进行商品规格分级时要考虑药材特征并借鉴根类药材评价指标，对收集的有代表性的市场样品进行分析测量，借助统计分析方法对粗选的指标进行筛选，以得到最终可整体评价药材外观分级的指标。可以说，这种研究模式借鉴了植物农艺性状的筛选评价方法，并将其应用到中药材商品规格等级标准制定工作中。在现有的研究中，大多是没有经过数理统计分析筛选量化指标这一环节，而是直接分析传统规格等级与药材质量的关联性。

（一）太子参外观评价性状

本品块根呈细长纺锤形或细长条形，稍弯曲，顶端有残留极短的茎基或芽痕，下部细长呈尾状。表面黄白色至土黄色，较光滑，略具不规则的细纵皱纹及横向凹陷，凹陷处有须根痕。质硬脆，易折断，断面平坦，类白色或黄白色，角质样（烫制品）。晒干者断面类白色，有粉性。气微，味微甘。本品以身干、无细根、大小均匀、色泽微黄者为佳。商品质量等级考察指标见表 3-6。

表 3-6　太子参商品质量等级考察指标

项目	指标
外形、质地	呈细长纺锤形或细长条形，稍弯曲，长 3～10cm，直径 0.2～0.6cm。身干光滑、大小均匀、色泽微黄、质硬脆，易折断
断面	类白色，有粉性
气味	味微甘
其他	无细根、泥沙、杂质、霉变、虫蛀、泛油

（二）有效成分含量检测

依据《中国药典》（2010 年版，一部）太子参项下要求，水分不得超过 14.0%，总灰分不得超过 4.0%，水溶性浸出物不得少于 25.0%，太子参环肽 B（$C_{40}H_{58}O_8N_8$）

不得少于 0.020%。

《中国药典》（2015 年版，一部）要求对太子参中的水分、总灰分、浸出物按如下标准进行检测。水分不得过 14.0%，总灰分不得过 4.0%，水溶性浸出物不得少于 25.0%。

（三）农药残留量与重金属含量要求

按农业部绿色食品标准：农药六六六、滴滴涕（DDT）残留量均不得超过 0.05mg/kg；重金属 As[①]、Pb、Cd、Hg 的含量分别不得超过 0.2mg/kg、1.5mg/kg、0.05mg/kg、0.01mg/kg。

二、太子参产地初加工技术

根类中药材的根部是重要的营养器官，贮藏了大量的营养物质，有效成分的积累相对也较高。大多数根类药材的采收期是在植株停止生长之后或在枯萎期采收，即秋季及冬季采收。太子参在夏末和秋初采挖。根类中药材的采收用人工或机械挖取均可，除净泥土，根据需要进行修剪，除去无用的部分，如残茎、叶、须根等，在采挖过程中应注意根及根茎的完整性，以免影响药材的品质和等级。

产地初加工是指在中药材产地对地产中药材进行洁净、除去非药用部位、干燥等处理，是防止霉变虫蛀、便于储存运输、保障中药材质量的重要手段。要结合太子参作为根类中药材的特点，制定产地初加工规范，统一质量控制标准，改进加工工艺，提高产地初加工水平，避免粗制滥造导致有效成分流失、质量下降，并避免使用硫磺熏蒸等方法，保证二氧化硫等物质残留符合国家规定。

（一）太子参采收

6 月下旬（夏至）前后，植株已枯萎倒苗，即应收获。若延迟收获，则常因雨水过多而造成腐烂。收获时宜选晴天，细心挖起，深度一般为 13cm，不宜过深，要拣净。

（二）包装与贮藏

用竹篓或编织袋包装，贮存需要放在干燥处，防止潮湿、霉烂、虫蛀。

（三）产地初加工

夏季茎叶大部分枯萎时采挖，洗净，除去须根，置沸水中略烫后晒干或直接

① As 为类金属元素，由于其性质类似于重金属，因此本书将其作为重金属

晒干。太子参可用生晒法和烘干法两种方法加工。

1. 生晒法

选择晴天，将采挖回的太子参鲜块根用洁净水清洗干净，薄摊于晒席上曝晒，晒至六七成干时，揉搓除去须根，扬净，再曝晒至足干为止，即水分含量达 9%～12%。

2. 烘干法

若遇阴雨天，将采收洗净后的太子参用烘干机烘干，此法适用于阴雨天，成本较高。采用 60℃烘干、阴干、晒干和蒸制后阴干 4 种方法加工新鲜太子参。结果显示，4 种方法对成品得率影响不大，都在 27%左右，但蒸制后阴干的太子参中多糖含量最高，且水煎液中多糖含量较稳定。因此，在太子参的加工过程中可以用蒸制后阴干的加工法以提高太子参多糖含量和水煎液的稳定性，从而提高太子参的品质和药用价值。

用 GC-MS-DS 联用分析技术和气相色谱保留指数法，对晒干和烘干太子参挥发油化学成分进行比较分析。结果表明，晒干和烘干太子参的挥发油得率分别为 0.28%、0.13%。从晒干太子参挥发油中鉴定出 9 种化合物，其中相对含量最高（87.19%）的成分是邻苯二甲酸二丁酯，从烘干太子参挥发油中鉴定出 15 种化合物，其中相对含量最高（77.34%）的成分是 2,6-二(1,1-二甲乙基)-4-甲基苯酚，二者挥发油化学成分含量和组成有明显差异。

炮制要求除去杂质及残留须根，清水洗净，及时干燥，并有切制、米炒、土炒等记载。比较不同部位的太子参多糖含量，结果显示，太子参药材主根多糖含量高于药材参尾。比较带须根的样品和去除须根的太子参药材中重金属与农药残留量，带须根的样品重金属含量明显高于去须根的太子参样品，因此，在太子参加工过程中，去掉须根是降低太子参中重金属含量的一种方法。

太子参块根呈现中上部粗而末端细的纺锤状形态，组织化学定位结果表明，成熟的块根中次生韧皮部与维管形成层的皂苷较次生木质部多。植物化学方法测定的结果与其一致，即皮部（包括周皮和次生韧皮部）的皂苷含量高于木质部的含量，由于块根中部直径最粗，其次生木质部所占比例最大，因此其所含皂苷相应较少。块根根头部、根尾部的总皂苷含量高于中部，根中部的含量低于块根总皂苷的平均水平。块根侧根的皂苷显色反应表明导管数目多，占据较大面积，而薄壁细胞较少，故皂苷含量较少。因此产地加工去除须根可以提高药材中皂苷含量。

三、太子参的质量控制

20 世纪 90 年代开始对太子参中的化学成分进行较系统的研究。太子参含有糖类、苷类、环肽类、氨基酸、挥发性成分、微量元素、磷脂类、脂肪酸类、油脂类、甾醇类等。通过硅胶柱色谱反复分离、纯化太子参中的成分，根据化合物的理化性质和谱学数据鉴定其结构。随着太子参药材市场需求量的逐年加大，加强太子参质量控制，进一步开展深入系统的研究有着重要的意义。

（一）太子参环肽 B

含量检测以甲醇为溶剂，超声处理（功率 250W、频率 30kHz）提取太子参样品粉末制备供试品溶液。用高效液相色谱法测定，以十八烷基硅烷键合硅胶为填充剂，以乙腈、水为流动相，进行梯度洗脱，在波长 203nm 处检测，测得太子参环肽 B 含量。规定含太子参环肽 B（$C_{40}H_{58}O_8N_8$）不得少于 0.020%。

（二）皂苷含量检测

以人参皂苷 Rb_1 为对照品，用 10 倍量蒸馏水超声提取太子参样品粉末，醇沉，蒸馏水溶解残渣，正丁醇萃取，减压蒸干，残渣用甲醇溶解作为样品皂苷供试液。采用香草醛-冰醋酸显色，用分光光度法于 560nm 处测定吸光度，进而测定皂苷含量。

（三）多糖含量检测

用高效液相色谱-蒸发光散射检测器（HPLC-ELSD）测定多糖含量，以葡萄糖作为对照品，将太子参多糖水解成葡萄糖，求出多糖换算因子，根据换算因子，将样品液中测得的葡萄糖量换算出多糖含量。据报道，该方法准确可靠，灵敏度高，重现性良好。用分光光度法测定多糖含量，用 80%乙醇回流太子参粗粉，残渣水浴提取，制备多糖供试液。以葡萄糖作为对照品，用硫酸-苯酚法于 490nm 处测定吸光度，进而测定多糖含量。

（四）氨基酸成分分析

采用氨基酸分析仪对太子参氨基酸成分进行分析，检出 18 种氨基酸，全氨基酸总质量分数为 77.7g/kg，必需氨基酸占总量的 32.6%。其中含有丰富的精氨酸、γ-氨基丁酸，质量分数分别高达 20.8g/kg、16.5g/kg。在建立太子参药材质量标准时，可将精氨酸和 γ-氨基丁酸质量分数作为重要的参考指标。

采用分光光度法测定河南、安徽、江苏、福建、贵州等不同产地太子参的氨基酸含量，全氨基酸含量为 2.29%～5.87%。

（五）挥发性成分分析

通过 GC-MS 技术分析太子参的挥发性成分。用归一化法测定各组分的质量分数，初步鉴定出 78 种化合物，不同产地太子参挥发性成分有一定差异。据报道，该方法稳定可靠，适用于太子参挥发性成分分析，可为太子参药材的质量评价提供一定的科学依据。

（六）有机氯农药残留

用毛细管气相色谱法对不同产地太子参中农药六六六（BHC）、滴滴涕的残留量进行检测。结果表明，样品中有机氯农药残留量符合 BHC≤0.1mg/kg、DDT≤0.1mg/kg 的规定，不同产区太子参中农药残留量有些差异。

（七）重金属含量检测

用电感耦合等离子体原子发射光谱法和原子荧光光度法检测不同产地太子参中铅、铬、砷、汞、镉的含量。结果表明，太子参中重金属均低于《药用植物及制剂进出口绿色行业标准》规定的重金属限量，不同产区太子参中重金属元素的含量有一定差异。结合相对应产地土壤分析结果，太子参药材样品中重金属远低于土壤，说明太子参对砷、汞、铅、镉、铬没有富集作用。

（八）指纹图谱分析

用 HPLC-MS 技术对太子参进行分析，建立以 10 个共有峰为特征指纹信息的 HPLC-MS 指纹图谱，发现少数产地太子参 HPLC-MS 指纹图谱差异显著。采用 HPLC 分析方法，标示出 21 个共有峰，构成太子参指纹图谱。所得指纹图谱共有模式可作为太子参药材质量控制的依据。以 HPLC 技术对不同产地太子参进行分析，初步建立了以 9 个共有峰为特征指纹信息的 HPLC 指纹图谱，少数产地太子参 HPLC 指纹图谱差异显著。采用毛细管电泳（HPCE）技术对 10 批次太子参甲醇提取物进行分析，结果得到 11 个共有峰，其中太子参环肽 B（heterophyllin B）为参照峰。该方法可用于太子参质量控制。用 GC-MS 技术对不同产地太子参的脂溶性成分进行分析，太子参挥发性成分中含有 6 个特征性指标成分，初步建立了以此 6 个共有峰为特征指纹信息的 GC 指纹图谱。用 GC-MS 技术对不同产地太子参的挥发性成分进行分析，建立指纹图谱，确定共有指纹峰，并选用模糊聚类法分析比较。结果表明，太子参挥发性成分中含有 12 个特征性指标成分，初步建立了以此 12 个共有峰为特征指纹信息的 GC-MS 指纹图谱。据报道，该方法准确可靠，重现性好，可作为太子参内在质量评价的依据。

第四节 太子参产品综合利用

太子参是在增强机体免疫、抗疲劳、镇咳等多方面具有确切疗效的一味传统中药，主要活性成分集中在糖类、环肽、苷类、氨基酸。目前的研究涉及不同地区及不同采收期代谢物成分含量测定，以确定不同地区太子参最佳采收时间。对于环肽 B 的研究尚停留在环肽 B 与生物量或土壤成分的关系层面，未深入对该成分的提取测定及药理作用进行研究。在太子参临床试验研究上，贵阳医学院（现名贵州医科大学）等利用急性心肌梗死大鼠作为试验研究对象，开展了太子参的作用机制研究。

多糖是太子参的一个重要有效成分之一。在太子参的几种有效成分中，针对多糖的研究是一个热点，贵州省目前已经开展的研究有：太子参中多糖的积累动态及最佳采收时间；贵阳医学院陆续开展的太子参多糖对脂多糖（LPS）诱导原代培养心肌细胞损伤的保护作用、太子参粗多糖对大鼠急性心肌梗死诱发心肺损伤的保护作用。这是目前较系统的多糖药理研究。在多糖提取方面，目前研究和实践上仍以水提方式为主。

但是目前对太子参药效物质研究仍然缺乏系统性，不同产区太子参化学成分（尤其是环肽）含量差异显著，仍需进一步深入研究。质量控制研究主要集中在太子参多糖、氨基酸、苷类、环肽成分含量和指纹图谱的建立方面，还不能有效地反映太子参的各种化学成分与临床药效之间的关系。

一、太子参的营养成分分析

太子参的营养成分自 20 世纪 90 年代以来就有较为详细的研究，根据文献报道，太子参的营养成分有多糖、氨基酸、脂肪酸、微量元素、磷脂类、环肽、油脂类、苷类、挥发油及甾酸类等。

（一）糖类

从太子参中分离得到二糖蔗糖、麦芽糖及多糖 α-槐糖、葡聚糖（PHP-A 和 PHP-B）等。研究发现，太子参多糖含量以 7～9 月含量较高，其积累曲线最大峰值与传统采收期基本一致，随贮藏时间延长，多糖含量下降。主根多糖含量高于参尾。野生品多糖含量明显低于栽培太子参。不同产地太子参中多糖含量有一定差异，以福建柘荣产太子参最高，江苏和贵州次之。太子参多糖含量同太子参药材外观的总体质量有关，外观较粗大，且沉多糖含量相对较高，外观较纤细，且轻多糖含量相对较低。

（二）苷类

太子参皂苷含量受到气候变化和地理条件的影响，通过系统柱色谱反复分离、纯化太子参乙醇提取物，得到太子参皂苷的主要成分：β-胡萝卜苷、α-菠菜甾醇-β-D-吡喃葡萄糖苷、7-豆甾烯醇-3-O-β-D-葡萄糖苷、腺嘌呤核苷、尿嘧啶核苷、乙醇-α-D-半乳糖苷、7-豆甾烯醇-3-O-β-D-吡喃葡萄糖苷和刺槐苷。

（三）氨基酸

太子参中含有大量的氨基酸（18 种氨基酸），其总含量最低为 985.343mg/100g，最高为 1694.101mg/100g。其中苏氨酸等 8 种人体必需氨基酸最低为 88.926mg/100g，最高为 176.930mg/100g。太子参不仅含有大量的氨基酸，还包括多种人体必需氨基酸和半必需氨基酸，尤以精氨酸、谷氨酸、天冬氨酸含量较高，必需氨基酸的含量约占氨基酸总含量的 30%。栽培品太子参精氨酸含量明显低于野生品。野生太子参块根与地上部分含有相同的氨基酸成分，但是组氨酸、脯氨酸、异亮氨酸、亮氨酸、精氨酸、赖氨酸、甘氨酸等的含量块根与地上部分差异明显。

（四）脂肪酸

太子参中含有棕榈酸（palmitic acid）、亚油酸（linoleic acid）、二十二烷酸（behenic acid）、2-吡咯甲酸（2-minaline）、二十四碳酸（tetracosanoic acid）、十八碳酸（stearic acid）和琥珀酸（succinic acid）。

（五）挥发油

目前已经分离、鉴定的太子参挥发油中的主要成分包括 4-丁基-3-甲氧基-2,4-环己二烯-1-酮、糠醇、2-戊基呋喃、3-呋喃甲基乙酸酯、2-吡咯甲酸、1,8-桉叶素、3-乙酸呋喃甲基酯、2,6-二(1,1-二甲乙基)-4-甲基苯酚、邻苯二甲酸二丁酯等。研究发现，不同产地太子参挥发性成分含量和组成有一定的差异。太子参晒干品和烘干品的挥发油化学成分含量与组成有明显差异。晒干品中相对含量最高的成分是邻苯二甲酸二丁酯。烘干品中相对含量最高的成分是 2,6-二(1,1-二甲乙基)-4-甲基苯酚。

（六）微量元素

近年来，研究表明，微量元素是中药疗效的物质基础之一，它与药用植物优选品系的形成和道地药材的质量有关。太子参富含多种人体正常生理活动所必需的微量元素。不同品系的太子参微量元素含量有明显的差异。据测定，太子参中含有 Zn、Cu、Mn、Fe、Mg、K、Rb、P、Ca、Se、Ni、Na 等元素，这些元素中 K、P、Ca、Fe、Mg 含量相对较高，Zn、Mn、Cu、Al 和 Na 含量也相当高。Fe、Cu、Zn、Cr、Ni、Co、Se 是人体必需矿质元素，太子参中尤以 Fe、Cu、Zn、

Mn 含量较高。在其矿质元素图谱中，Mn-Fe-Co 峰形与 Cu-Zn-Se 峰形十分相似。而对人体有危害的重金属元素铅、铬、砷、汞、镉的含量均明显低于中国《药用植物及制剂进出口绿色行业标准》对重金属的限量指标。

（七）磷脂类

太子参总磷脂含量约为 5.5%，其中主要为磷脂酰胆碱、磷脂酸、磷脂酰肌醇、磷脂酰甘油和磷脂酰丝氨酸。

（八）环肽类

环肽是太子参的标志性化学成分，太子参中含有 12 个环肽，包括 heterophyllin A～D（HA～HD）和 pseudostellarin A～H（PA～PH），其中太子参环肽 B 是最典型的一种，也是目前太子参环肽化合物中研究较多的一种。生物活性环肽能形成限制性构象，与相应线性肽相比在生物体内具有更好的抗酶解和抗化学降解的能力，在生物医学、药学等许多方面都有着可观的发展前景。

二、太子参的功能作用

太子参具有广泛的生物活性，包括增强机体免疫力、抗氧化、抗菌和抗病毒、抑制酪氨酸酶活性等作用。

（一）增强机体免疫力作用

太子参水提物能明显延长小鼠负重游泳时间和在常压缺氧情况下的存活时间。这一作用与太子参多糖及皂苷有关，太子参所含的这些成分还可提高小鼠的耐低温能力。太子参水提物还对给小鼠皮下注射利血平所致体重下降有一定保护作用，并能明显抑制小鼠肠推进的距离。

太子参醇提物可显著对抗因环磷酰胺所致的小鼠 T、B 淋巴细胞转化功能低下及白细胞吞噬功能降低，并能增加外周血白细胞数；进一步研究表明，太子参中苷类和多糖等成分是太子参增强机体免疫功能的有效物质。太子参煎剂对兔抗大鼠淋巴细胞血清（ALS）所致的大鼠细胞免疫功能低下有显著的提高作用。而其水煎醇沉剂对淋巴细胞增殖有明显的刺激作用。太子参中富含的微量元素对机体的免疫功能也有调节作用，如硒可促进抗体生成，增强机体的免疫力。太子参的磷脂成分对维护细胞膜的完整性、提高机体的免疫功能也有重要作用。

（二）清除超氧自由基

太子参醇提物（EPHPH）能不同程度地抑制 Fe^{2+}抗坏血酸诱导的大鼠心脏、肝、肾中脂质过氧化产物丙二醛（MDA）的生成，能不同程度地抑制酵母多糖 A

刺激大鼠中性粒细胞生成O_2^-和抑制 H_2O_2 诱发的红细胞氧化溶血，其量效关系均呈负相关，表明 EPHPH 是一种有效的超氧自由基清除剂，能通过清除·HO 、O_2^-及 H_2O_2 而发挥抗氧化活性，起到有效的超氧自由基清除作用。

（三）镇咳及抗菌、抗病毒作用

太子参中的肌-肌醇-3-甲醚有较强的镇咳作用；糠醇类成分有较强的抗菌作用；太子参皂苷 A 有抗病毒作用，特别对疱疹病毒活性最强。有人从太子参根中分离得到具有抗真菌活性的 Kunitz-type 胰蛋白酶抑制剂，显示出对尖孢镰刀菌的抗真菌活性。

（四）其他作用

太子参除具有上述药理作用外，还有研究表明太子参多糖能改善糖尿病大鼠的一般状况，延缓体重下降，降低空腹血糖、甘油三酯和总胆固醇水平，对糖尿病大鼠有显著治疗作用；而一些太子参环肽化合物具有较强的酪氨酸酶抑制活性。

三、太子参的食疗作用

太子参具有益气健脾、补气生精的功效。其特点是补而不燥，在中医中药的应用上能收到益气而不升提、生津且不助湿、扶正又不恋邪、补虚且不峻猛的效果。可见太子参的药效功能极为独特，既补益又缓和，这可能是日常生活中人们利用其功效特点来食用以作补益养生的重要方式的缘由。

太子参既可用于治病，又可用于补养；既可单用水煎连续服用，又可同鸭肉、鹅肉、山药共炖，食肉饮汤；还可与粳米煮粥常服。夏季天热，可用太子参、乌梅各 15g，加适量白糖，水煎代茶饮，既可生津解渴，又老少皆宜。其可做太子参田鸡粥、太子山楂粥等十几种之多。女性性欲低下用归参炖雪鸡作药膳。美容用百合银耳太子参汤食疗。产后虚冷可食用太子参烧羊肉。春季用太子参大枣陈皮茶养肝。心绞痛用太子参奶生津止渴，滋补气血食疗。小儿发育不良用太子参、枸杞、山药炖鹌鹑；妇女产后缺乳可食用太子参猪蹄汤；老年糖尿病、胃炎、便秘可用由太子参、沙参、老鸭组成的双参煲鸭作保养食疗等。

第五节 太子参药渣利用

中药药渣来源于中药原料生产、提取及中成药生产过程中的剩余物质。据统计，我国中药制药厂年药渣排放量达到 3000 万 t，其中，以中成药生产带来的药渣量最大，约占药渣总量的70%。如果简单地将这些药渣堆放在外，日久霉烂发酵后便臭不可闻，不仅污染环境，还对周边群众的生产和生活造成危害。对中药药渣进行分门别类的处理，既可以防止药渣随意抛弃污染环境，又可废物利用节约资源。现有中药药渣用作栽培料培养食用菌的，有用作畜禽饲料添加剂的，也有进行有效成分再提取的，还有用于废水处理的等，但这些中药药渣利用的研究还不够广泛和深入。

实际上，中草药经加工提取后，虽然失去了部分有效成分，但药渣中仍保留大量的粗纤维、粗脂肪、淀粉、多糖、蛋白质等营养物质，以及生物碱、多糖、萜类、苷类等生物活性物质和一些未知的促生长物质。中草药本身是一种天然的饲料添加剂，具有天然性、多功能、无抗药性等特点，这为药渣再次利用奠定了有力的基础。我国学者对于中草药有效提取物对青贮发酵过程中乳酸菌生长的影响做了大量研究，研究得出，中草药本身具有营养性及生物活性的特征，可为乳酸菌的生长提供所必需的生长因子，促进乳酸菌的生长繁殖。其中，含多糖成分的补益类中草药对益生菌均有促生长作用，且随浓度增加促进作用增强；清热解毒类药物具有一定的杀菌作用，可一定程度上抑制有益菌的增殖，而补养药、安神药极少有抑菌作用。

中草药本身资源紧张且价格偏高，其提取物作为青贮添加剂使用无疑会增加青贮的成本，而药渣具有再利用价值和低廉的价格优势，可考虑将其应用于青贮中，这不仅对药渣在畜牧生产中的应用具有重要意义，还是对药渣综合开发利用的拓展。

中草药配方经水提法制取中成药后的残渣，混合药渣中筛出主要组成为太子参、白芍、牛蒡、党参和川芎的药渣，该配方具有补气养血、益气生津、活血行气、清热解毒的功效。将全株玉米青贮均匀混入药渣制作青贮，玻璃缸青贮300d开盖，取样进行感官评定、发酵品质和营养成分测定。依据农业部《青贮饲料质量评定标准》，开启青贮容器时，根据青贮料的颜色、气味、质地、结构等指标，通过感官评定混合药渣组感官品质为一般质量青贮料，太子参、混合药渣组添加水平为5%时，等级为2级尚好，添加量增大后，青贮感官品质下降。添加水平为5%时青贮料粗蛋白质（CP）、粗脂肪（EE）、磷（P）含量显著高于未添加对照组。中草药作为青贮添加剂时，单味中草药所含的活性物质比较单一、含量较少、对发酵品质的影响有限，而复合中草药可以弥补这一缺点，且不同药物之间的相互作用还可产生新的活性物质，最适合的太子参混合药渣青贮添加比例为5%。

研究发酵中药药渣替代抗生素对断奶仔猪生长性能、腹泻率、消化率、肠黏膜形态结构、生化指标和抗氧化指标的影响，发现太子参、陈皮、山楂和麦芽经水提后的混合中药药渣发酵后仔猪各阶段的料重比均低于对照组和中药药渣组，各养分消化率均高于其他组，空肠绒毛长度/隐窝深度（V/C）最小，绒毛宽度最大，血浆过氧化氢酶和谷胱甘肽过氧化物酶活性及谷胱甘肽含量均高于抗生素组，丙二醛含量均低于抗生素组。饲粮中添加发酵中药药渣可在一定程度上提高断奶仔猪的生长性能和养分消化率，在保护肝、调节血脂浓度方面发挥一定的作用，提高断奶仔猪的抗氧化能力，效果优于抗生素。

太子参多糖具有拮抗环磷酰胺所致的小鼠肠黏膜损伤、提高肠道免疫力等作用。太子参茎叶能够减少应激对断奶仔猪生长发育造成的不利影响，从而改善机体的抗应激能力。在断奶仔猪日粮中同时添加太子参茎叶多糖与枯草芽孢杆菌可以提高仔猪生长性能及免疫功能，增加小肠绒毛高度和 V/C，调节盲肠内容物菌群结构，维持肠道微生态平衡。其适宜添加量为 0.10%，且二者合用效果优于单独添加。

以每亩可收获太子参茎叶 100kg 计，每年就有太子参茎叶超过 8000t。多数太子参茎叶被遗弃或焚烧，造成大量太子参皂苷、氨基酸等物质的浪费。太子参茎叶粗蛋白质含量（13.39%）高于多种禾本科牧草，如象草（11.52%）、多年生黑麦草（10.98%）和东北羊草（8.24%），太子参茎叶蛋白质接近于 FAO/WHO 提出的理想蛋白质条件，不但氨基酸种类齐全，含量丰富，而且含有太子参皂苷、氨基酸等，能够显著提高断奶仔猪的抗氧化和抗应激能力，完全可作为饲料原料加以开发应用。

目前对太子参的应用研究多集中于其根块部分，而茎叶部分则丢弃不用。在饲料资源紧缺条件下，如能将茎叶部分作为非常规饲料加以开发应用，这不但为畜牧业的发展增加新的饲料原料，而且对太子参产业发展有更好的促进作用。如果将太子参茎叶作为新型饲料原料进行研究、开发，不仅拓宽饲料资源，还提高了太子参茎叶的利用价值，从而实现生态效益和经济效益双赢。

第四章　贵州省太子参产业发展状况

第一节　贵州省太子参产业现状

历史上，贵州并无太子参资源分布。贵州施秉地区最早于1992年从福建柘荣引种了太子参，随后，各种植企业和种植户从宣城、南京等地区陆续引进十几批种源。贵州栽培太子参在长期的引种中形成了丰富的种质资源。其中部分种源逐步适应了施秉地区的生态环境，形成了一定的种植规模。但同时也因缺乏科学的品种选育与种源管理，太子参栽培种源混杂和质量良莠不齐。目前，太子参种质资源的保存、优良种源的筛选和产品质量的稳定已成为贵州省太子参产业化种植发展所关注的重点。

根据2018年统计，贵州省太子参人工种植面积为33万亩，遍布施秉、黄平、从江、水城、普定、六枝特区等，其中黔东南州人工种植面积最大，以施秉与黄平为中心，约占全省太子参种植面积的60%（贵州省2018年太子参人工种植面积及分布见附件2）。2018年全省太子参产量约8.7万t，总产值约22亿元，位列全省中药材总产值第一位，产量和产值比上年同期均略有减少。

贵州省施秉县是太子参种植和流通的核心区，是太子参规范化种植基地县。2014年，施秉中药材种植面积10.2万亩，产值7.3亿元，其中太子参种植面积8.35万亩，产值6.37亿元，其他中药材种植1.85万亩。全县中药材种植超过20亩以上的有588户（施秉中药材种植重点乡镇牛大场镇中药材种植面积4.16万亩，占全县总面积的40.78%，种植农户5033户，其中太子参种植面积3.46万亩）。施秉县中药材加工企业有6家，主要产品为以太子参、菊花、黄精为主要原料的“参力汁”“刺梨饮”“菊花茶”“黄精雪菊茶”“甘菊明子茶”“金银花茶”等，6个中药材产品已投产，“太子参口含片”“太子参茶”两个保健品正在研发申报保健品批件。通过国家GAP认证的“施秉太子参”，先后获得贵州省“十一五”农业科技十大成就奖、国家地理标志证明商标、省级植物新品种认定“黔太子参1号”及“施太1号”太子参品种。

贵州太子参拥有良好的产业基础，品种杂质少，色泽好，在太子参市场中价格高于福建和安徽的品种。黄平县是贵州另一个太子参种植比较集中的区域，2015年全县种植太子参的药农有18 998余户，面积达96 530亩，占中药材种植总面积的81.4%。截至2017年12月，贵州施秉、黄平两县的太子参种植面积接近10万亩，太子参总产量跃居全国第一。这些成果的取得为太子参产业持续健康发展奠定了基础。

第二节　贵州省太子参产业发展优势

一、政府重视

太子参产业的发展符合国家大健康产业的发展战略，政府重视是太子参产业获得快速发展的关键。近几年来贵州把太子参产业列为地方政府扶持的重点产业之一。太子参的种植已列入《贵州省中药材种植发展规划》（2010—2020 年）、《贵州省“十二五”特色农业发展专项规划》和《贵州省中药材产业发展扶贫规划》（2011—2015 年和 2016—2020 年）、《贵州省发展中药材产业助推脱贫攻坚三年行动方案（2017—2019 年）》的重点发展品种；由贵州省科学技术厅、黔东南州科学技术局、施秉县教育和科技局联合主持的“施秉中药材产业科技合作专项计划”，已连续 5 年对施秉县太子参产业的研究给予了专项支持，为贵州太子参连续多年成为市场上的品牌做出了贡献；2012 年 2 月黔东南苗族侗族自治州人民政府以政府令的形式颁布了《黔东南苗族侗族自治州施秉太子参管理办法》，对黔东南州太子参的种植、加工、经营等方面进行了规范，申请并获批《地理标志产品 施秉太子参》，制定了《施秉太子参》地方标准。

施秉作为中国太子参生产基地，相关工作为贵州太子参产业的发展奠定了良好的基础。由于贵州太子参药材色泽光亮、饱满，商品性状良好，是太子参中的明星产品，各药材市场的太子参大多称为贵州太子参或施秉太子参，所售价格高于其他产地。而政府一直致力于促进当地特色农产品太子参产业发展，并在多年的经验中总结建立了太子参种植的一套标准化种植体系，其中就明确了最佳的有机肥配比、最佳种植密度、最佳采收期、病虫害综合防治措施和农药配比等技术规程，进一步扩大太子参的种植规模和提高其产量，实现了农民的增收、农业的发展及企业的增效。施秉太子参产业已是当地农民增加收入的重要来源渠道。目前，太子参被列入脱贫攻坚产业结构调整的重点品种（附件 3：贵州省重点县及深度贫困县中药材产业脱贫计划表）。

贵州省每年的省委农村工作会议都把中药材产业作为重要的特色优势产业发展来进行安排，从 2008 年起在施秉县召开全省中药材种植现场会，之后持续在赫章、盘州开展中药材种植现场会，对中药材产业发展进行部署，并提出到 2019 年中药材种植面积将达到 720 万亩，带动 30 万人脱贫。政府扶持力度不断加大，为中药材产业营造了良好的发展环境。

二、环境优势

贵州省位于中国西南内陆云贵高原东部，属亚热带湿润季风气候区，气候温暖湿润，全省地貌以高原山地、丘陵为主，喀斯特地貌显著，区域气候多样性特征明显，独特的生态、气候环境和物候条件孕育了丰富的药用植物资源。据《贵州中草药资源研究》（2007 年版）记载，全省中药材资源品种共 4802 种，其中药用植物 4419 种、药用动物 301 种、药用矿物 82 种，在全国中药资源普查的 363 个重点药材中，我省就有 328 种，占 90.4%，素有“黔地无闲草，处处皆灵药”的美誉。许多野生或栽培药材，如天麻、石斛、杜仲、半夏、吴茱萸、何首乌、头花蓼等药用功效独具，质量上乘。

贵州省土地总面积 17.6 万 km^2，其中喀斯特地貌面积达 16 356 万亩，总耕地面积 6549.37 万亩，林地面积 12 817 万亩，分别占全省土地面积的 61.9%、24.8% 和 48.5%。丰富的土地、林地资源为中药材种植提供了广阔空间。我省广大农村，存在大量农业贫困劳动人口，尤其在深山地区，资源有限，生态环境脆弱，加之劳动力素质普遍不高，农民靠山吃不了山，大量贫困人口生活困苦。充分利用贫困地区劳动力资源优势，大力发展中药材产业，有利于帮助贫困群众脱贫致富，同时加快石漠化地区生态恢复和重建，最终实现社会、经济和生态效益的有机结合。贵州省中药材生态区划自然条件的主要特征与指标见表 4-1。

三、种植加工有基础，市场有发展前景

野生太子参是一种宿根性的多年生草本，具有茎节生根、膨大成块根的特点，通过驯化栽培，已经成为一种为期 7～8 个月的短周期生产药材。其主要以芽头良好的块根为种根，在秋末整地做畦挖浅沟，施放底肥，摆放种根，覆土，来年参苗出土后的 3～4 月进行 1～2 次中耕除草、追肥，至 7～8 月倒苗后采挖，经过净选、清洗和晒干或烘干，即可成为商品参。由于块根营养丰富，出苗壮，栽培技术和产地加工技术简单，容易推广，栽培面积和药材产量容易快速发展。通过研究，在基本弄清了太子参种子休眠机制及其打破休眠方法的基础上，建立了太子参种子种苗的标准，为太子参采用有性繁殖栽培模式、利用有性繁殖进行提纯复壮和优良品种选育做好准备。随着近几年各地政府将种植太子参作为扶贫攻坚、改善农业产业结构的方法加以扶持和推广，农户已养成了种植太子参的习惯，种植面积得到了一定程度的保障，具有明显的资源优势，能够满足产业快速发展的需求。自 20 世纪 90 年代以来，全国年需求量一直呈现上升的趋势。特别是太子参与人参相比，药性更为平缓，更加适合儿童、老人和体弱多病者，更具保健功能产品的潜能，进一步拓宽了太子参在医药和保健产业的空间。

表 4-1　贵州省中药材生态区划自然条件的主要特征与指标

项目	黔北、黔东北生产区	黔西、黔西北生产区	黔西南、黔南生产区	黔东南生产区	黔中生产区
主要地域	遵义市、铜仁市	六盘水市、毕节市	黔西南州、黔南州	黔东南州	贵阳市、安顺市
地貌	中山峡谷、低中丘陵及低山丘陵	高原山地、中山山地丘陵	山原山地河谷	低中山丘陵	山原山地丘陵
海拔（m）	200～2570	470～2900	275～2200	137～1980	500～1960
气候带	中亚热带温暖湿润季风气候	高原性半湿润季风气候或中亚热带湿润季风气候	南亚热带半湿润季风气候或中亚热带湿润季风气候	中亚热带湿润季风气候	亚热带高原季风湿润性气候
平均温度	14.0～18.0	10.0～15.0	13.0～19.0	15.0～18.0	13.0～16.0
最高气温（℃，7 月）	23.0～28.0	17.0～22.0	23.0～27.0	23.0～27.0	22.0～24.0
最低气温（℃，1 月）	3.0～8.0	1.5～6.3	3.0～10.0	3.5～7.8	3.0～9.0
≥10℃年积温（℃）	4000～5900	2500～5000	4500～7000	5000～5500	4300～5500
无霜期（天）	200～350	200～300	280～350	270～300	250～290
年照时数（h）	1200～1500	1000～1800	1000～1500	1070～1320	1200～1300
平均降雨量（mm）	500～2000	900～1500	1100～1500	1200～1500	1200～1400
土壤	红壤、黄壤、黄棕壤	山地黄棕壤、黄壤、黄棕壤	红壤、黄红壤、黄棕壤	红壤、黄红壤、黄棕壤	黄壤、黄棕壤、红壤
植被	中亚热带常绿阔叶林、常绿落叶混交林、石灰岩灌丛	高原半湿润及湿润性阔叶林、中亚热带湿润常绿阔叶林、石灰岩灌丛	南亚热带常绿阔叶林、中亚热带湿润常绿阔叶林、沟谷季雨林	中亚热带常绿阔叶林及次生针叶林	中亚热带常绿阔叶林及次生针叶林

市场雏形初现。截至 2014 年年底，已建成施秉太子参产地交易市场，该市场成为西南最大的太子参交易市场，为促进贵州省中药材产业发展、完善产业链、提高产业附加值、提升市场的引领作用奠定了基础。通过“企业带动产业发展”的模式，积极鼓励省内外中药材种植企业和医药企业采取“企业+种植大户+农户”“企业+专业合作社+农户”等合作模式，通过订单回购等保护农民利益的联结模式，促进农民增产增收。通过发挥龙头企业的资源配置和产业引领作用，促进农民能在家门口就业，促进产业精准扶贫，产生较好的经济社会效益，积极带动中药材产业发展。

第三节　贵州省太子参产业存在的问题

随着栽培学、生物药学、化学、药理及毒理学、制药工业及临床医学各学科领域的广泛深入研究，贵州省太子参在栽培技术、制剂加工、新药开发、新产品研制、市场等方面取得了可喜的成绩，使贵州太子参从一般中药材生产发展成为现代制药、保健品和食品工业不可缺少、不可替代的原料而大量投入生产。目前，虽然贵州已形成了集太子参种植、加工、储运、销售和研发等于一体的由企业、协会、农民专业合作社和科研院校所构成的贵州太子参产业体系，但贵州省太子参产业链发展严重不平衡，处在产业链上游的种植业相对于加工、运输、研发来说，显得过于庞大。而且，从种植、加工到市场流通全部自由化，无序竞争导致太子参种植的无计划性、种植过剩等，价格竞争激烈，跌宕起伏。近两年来，太子参由于种植面积的急剧扩大，供大于求，市场行情萎靡。回顾近年来太子参的发展趋势：2010 年是太子参的启动年；2011 年是太子参的巅峰期；2012 年便逐渐地走向衰落；2013 年行情大逆转，在维持了近三年的百元高价后下滑到两位数。此后，太子参的价格一直维持在百元以下，偶有升高，也很短暂。目前稳定在 60 元左右。太子参行情能有如此大的下滑，这和急速增加的产量有很大的关系（太子参历史价格周期见附件 4）。

一、政策导向

中药材种植是中药产业的“第一车间”。但是贵州省中药材生产是整个中药产业的薄弱环节。最近十年来，支持中药材产业发展的财政资金虽有所增加，但与整个产业发展需要相比，还有很大差距，更为突出的是支持环节分散，不能充分发挥其引导作用。在中药材种子种苗基地、生产示范基地建设、种植技术研究、产品研发、市场培育等方面，迫切需要加大支持力度。在政策层面上，虽然连续出台了多个关于中药材的政府文件，也将太子参列为重点发展品种，但是还缺乏针对性强、措施有力的配套政策。金融资本、社会资本等对中药材产业也缺乏有效支持。

近几年来，各级政府对太子参产业给予了大力的扶持，如出台了《黔东南苗族侗族自治州施秉太子参管理办法》，申报获批《地理标志产品　施秉太子参》及《施秉太子参》地方标准等相关文件，对黔东南州太子参的种植、加工、经营等方面进行了规范，但这些内容主要集中在种植、科研项目上，没有把太子参作为一项产业进行管理和开发，而仅将其当作一种中药材进行管理，因此，太子参产业还处在低级的自由生产阶段，在质量、规格、品牌、产地及产业链的组织上均缺少政策支持。没有专门的管理机构和相应的产业政策，产业链不完善，立法缺失。

二、种植技术落后

贵州省太子参野生变家种、引种驯化、提纯复壮和种苗繁育等技术不能满足大规模生产的需要，中药材品种选育和复壮提纯工作严重滞后于产业发展。大部分中药材的种质来源仍主要依靠野生采集或从省外引进，经当地人工筛选驯化并推广应用的品种不到栽培品种的10%，生产规模较大的施秉太子参品种甚至出现了种质退化情况。中药材优良种子种苗生产繁育基地建设滞后，造成中药材优良种子种苗供给严重不足。目前太子参生产中最大的问题是产量不高、品质变差。太子参长期采用无性繁殖，大多数药农都是自留种或采取一些换种措施。生产栽培模式传统化，常年连作导致土地得不到休养生息，轮作倒茬，种植深度与施肥等措施也不到位，致使太子参病虫害严重，如叶斑病、根腐病、紫纹羽病、立枯病等，产量大减。太子参规模化种植后，种子的需求量大，但缺少规范的种子扩繁部门和健全的产业发展供种机制。因此，从种质资源的角度看，种源是中药材生产的源头和基础，解决好源头问题是关键。所以，品种化栽培是中药材种植的必然。

贵州太子参种植时种源混乱，种质混杂，导致产量、质量不稳，加上单一以种根繁殖的栽培模式，染毒严重，种质退化，且种植成本高，因此，急需采取措施对太子参现有品种进行提纯复壮，提高产量；另外，需开展太子参新品种选育工作，提高太子参抗病虫害、抗逆性。加强对包括有性繁殖模式在内的种植模式的研究和推广，切实解决太子参种质退化、抗病弱、成本高等问题。

三、栽培标准化程度低

早在2004年，施秉县就颁布了《贵州省施秉县太子参规范化栽培操作规程》（SOP）。尽管太子参种植已经有了较为规范化的种植方法，但由于缺少强制性的管理手段，生产者与经营者又缺乏无公害意识，没有绿色产品的概念，这些技术标准普及应用率很低，部分生产者在太子参生产过程中仍然使用有害农药和化肥，致使太子参产品农药残留量超标。随着国家对制药企业原材料监管的日趋严格，农残重金属超标将成为太子参产业发展的硬伤。因此，加强标准化生产，大力推广GAP种植等标准化理念，普及标准化生产技术，加强质量检测与质量保障追溯服务体系建设就显得很重要了。以质量为核心，大力发展GAP药材与无公害、绿色药材生产，对贵州省推广生产的太子参加强抽样检测，对产地环境进行全面检测，对农业投入品进行全面检测，实行全程质量监控，善待环境，关爱自然，确保药材“真实、优质、稳定、可控”。

四、科技生产推广

太子参生产缺乏科技支撑。一个产业的发展，需要科技作支撑。目前，太子参产业深加工产品品种少，缺少太子参精加工的技术，在太子参育种、栽培、成分检测等方面的研究严重不足，缺少相关人才。技术投入和产业研发投入力量不足。中药材技术推广体系建设滞后，中药材技术咨询服务力量不足，中药材优质种苗、中药材先进种植技术等科研成果推广难度较大，再加上适应广大农村人民群众需求的技术基础科研工作开展较少，以及实践操作技能不强等因素，大量的基层技术指导工作力不从心。中药材专业合作组织还处于初始阶段，没有很好地发挥作用。目前，虽然成立了相关中药材协会、合作组织，但受资金和市场等客观因素的影响，其作用发挥得很不理想。此外，专门从事栽培、育种、加工和新药研发的高级人才奇缺，基层技术推广体系中的专业技术人员较少，优质高产栽培、病虫害防治、测土配方施肥及加工储藏等技术推广困难，种植水平亟待提高。

五、产业链延伸

太子参产业链条动力不足，太子参深加工产品有限，缺乏龙头企业带动。据初步统计，目前施秉县中药材种植品种中仅太子参、头花蓼、何首乌、菊花、金银花、天麻等中药材有企业进行了深加工，中药材深加工消耗量在500t以下，但是由于缺乏市场开发，往往存在大量积货，企业生产动力受阻。大部分中药材主要以初级产品的形式流向全国各中药材市场，产品附加值不高，中药材生产动力不足。目前太子参正面临福建、江苏等省的竞争，难以形成像四川川芎、云南三七、宁夏枸杞、甘肃黄芪等那样的优势品种和地域品牌。太子参标准化意识淡薄，商标注册力度、标准化认证力度、著名商标驰名商标申报力度、知识产权保护力度不够，品牌竞争力不足。缺乏统一的策划包装、宣传推介，“黔产太子参”的知名度和影响力有待进一步提高。

加大标准化认证和地理标志认证，加强著名商标驰名商标申报与药材之乡命名，把质量通过认证、命名等固化下来，打造“黔药”“苗药”品牌，形成拳头特色产品，增强品牌竞争力。由政府主导、企业参与，采取“政府搭台、企业唱戏”的形式，积极组织企业参加各种中药博览会、药品展销会、中医药产业发展大会、主要产品文化节、中医药研讨会等活动，积极申请承办全国性和区域性医药活动，定期组织药材种植、生产、流通企业等到重要药材销售区举办大型推介活动，全方位向外推介地产药材和主产品种，提高“黔药”“苗药”的知名度、美誉度。

第四节　太子参产业发展建议

一、政府发展目标

按照省委、省政府发布的《贵州省发展中药材产业助推脱贫攻坚三年行动方案（2017—2019年）》相关要求，贵州省计划到2019年，在全省布局五大重点种植区，主要在51个县开展中药材种植，重点培育18个生产周期短、见效快、市场竞争力强、生态效益好的优势品种。

以施秉县、黄平县、石阡县、水城县、六枝特区、普定县、沿河县、三都县、从江县、玉屏县、丹寨县、惠水县为太子参重点发展县，到 2019 年，新增太子参种植面积 15 万亩。其中黔东南生产区主要指在黔东南州施秉县及黄平县重点发展太子参这一中药材品种。具体种植布局分为核心种植区（施秉、黄平等）、辐射带动区（六枝特区）两种类型。

按照“一县一业”发展思路，因地制宜，推动大宗、道地药材连片发展，全力打造种植规模上 15 万亩的中药材产业大县，培育 1～3 个优势品种，使每个品种都成为具有较高市场美誉度和较强市场竞争力的县域主导产业。

在产业链发展上，大力推动药食两用中药材产业化生产，支持以太子参为原料的药食两用产品和养生保健品开发，推动中药材种植基地建设与乡村旅游、文化推广、生态建设、健康养老等产业深度融合。大力发展中医养生保健机构，开发具有贵州特色的中医药健康旅游产品和线路，建设中医药健康旅游示范基地和综合体，让贫困人口更多地分享中药材全产业链的增值收益。

贵州省主要扶持太子参饮片、玉液消渴颗粒、消炎止咳片、哮喘宁片、保胃胶囊等太子参产品的研发和推广，培育贵州昌昊中药发展有限公司（太子参饮片）、贵州信邦制药股份有限公司（玉液消渴颗粒）、贵州百花医药股份有限公司（消炎止咳片）、贵州缔谊健康制药有限公司（哮喘宁片）、贵州科福丽康制药公司（保胃胶囊）、贵州家诚药业有限责任公司（降糖甲颗粒）、贵州佰仕特制药有限责任公司（消炎止咳胶囊）等企业。

二、太子参发展保障措施

健全完善政策措施。以国家中医药管理局、国务院扶贫办即将启动的“中药材产业扶贫行动计划”为契机，鼓励省内药企、公立中医院优先采购省内中药材，对吸纳贫困人口就地就近就业贡献突出的医药企业在要素保障上给予重点支持。

切实加大资金支持。统筹安排财政专项资金，整合财政涉农资金，引导社会资金投资中药材产业，积极支持中药材生产经营主体申报产业扶贫子基金，重点投向新增种子种苗基地、中药材物流基地、产地主加工基地建设。

加强中药材良种选育繁育及种子种苗基地建设。围绕重点发展品种开展野生及现有中药材种质资源的收集保存、鉴定评价、引种优选、良种培育、野生资源栽培驯化、种子种苗繁育及质量检测评价工作。优化品种结构，建立道地药材繁育体系，并实施种子种苗质量监督管理，确保种植户种子种苗质量和纯度。积极推动中药材龙头企业、农民专业合作组织和种植协会在中药材种子、种苗繁育方面的规范化生产，共同开展良种种子种苗的生产和供应。

强化科技服务支撑。加强中药材种子种苗生产、产品质量标准研究成果应用，通过引进、试验先进的中药材品种和种植技术，建设重点品种种源快速繁育中心及规范化种子种苗培育基地。支持中药材产学研一体化协作发展，加快制定 60 个常见中药材品种生产技术的标准。强化种植技术标准培训推广，确保每户中药材种植贫困户至少有 1 名成员掌握规范化种植技术。

搭建产业互通平台。利用大数据资源，在中药材重点县建设一批质量安全监测站点，建立中药材产业全过程溯源体系，保障黔药质量、黔药品牌。建立贵州中药材产地电子交易中心和电子商务平台，构建信息灵敏、高效快捷、相对稳定的中药材电商营销渠道。扶持各重点县建立中药材种植技术推广培训和市场服务平台，帮助农户选好品种、提高种植水平和销售效率。

加快中药材市场体系构建。加强与全国中药材交易市场、制药企业的联络，组织企业跑市场、搞促销、抓订单。大力培养和发展中药材中介组织与经纪人队伍，拓宽和搞活中药材销售渠道，提高药农的组织化程度，减少中药材交易成本。着力打造“中药材产品信息服务平台”；建设市场信息平台，加快推动全省中药材市场总体建设进度，完善相应的配套设施，进一步打造以中药材产品为重点的集物流中心、季节性中药材产地市场、中药材大宗交易市场、中药材综合交易市场于一体的覆盖全省的市场辐射格局，提升中药材市场交易影响力。

抓好中药材地方特色品牌化建设。支持龙头企业创立拳头品牌，注册优质中药材产品商标，打造“黔药”“苗药”品牌。重视推进产品质量认证和原产地地理标志认证，鼓励龙头企业取得 GAP 认证、ISO9001 认证、ISO2001 认证、ISO14001 认证、危害分析和关键控制点（HACCP）认证等权威的国际质量、环境、安全认证，以品牌求市场，提高贵州省中药材的知名度，增强市场竞争力。

第五章　贵州省太子参产业技术路线图

第一节　太子参种质资源开发利用技术路线图

一、优质种源筛选

需探索建立综合利用多个指标进行筛选的方法体系。需要深入、系统开展如下研究。

1）对现有太子参种质资源（家种和野生）进行调查摸底、评价，收集筛选优质种质资源和具有特异农艺性状的种质资源，有利于品质改良，从源头上整体提高太子参产品质量和中药材生产技术水平。

2）开展不同种源太子参活性物质（多糖、氨基酸、环肽 B）的含量比较研究，从而为优质种源筛选提供微观依据。

3）对栽培太子参的遗传多样性和质量进行分析研究，找出种质（遗传）和生态环境对太子参产品质量的影响规律。

二、传统品种提纯复壮

传统品种提纯复壮应开展如下研究。

1）种苗繁育技术研究，诱导组织培养无毒种苗，研究提高太子参组培苗质量的方法，筛选处理愈伤组织制剂。

2）病虫害综合防治研究，目前国内太子参抗病育种研究较少，实践上主要通过农业综合措施和农药防治，防治效果不理想，而且易造成产品和环境污染。

3）太子参种子的品质检验和分级质量标准的研究与制定。

三、太子参繁殖

太子参有性繁殖可以有效解决长期无性繁殖带来的病毒病。但太子参种子有后熟现象，种子实生苗发育到可收获的周期稍长，这些因素严重影响太子参产量。有必要开展太子参系统生物学特性研究，摸清种子后熟规律，探讨解决太子参种子休眠的方法。因此，需要进一步研究通过有性繁殖提高太子参产量的方法。

四、新品种选育

传统的农业育种方式更重视杂种优势的研究与利用，主要包括选择育种、组织培养育种、杂交育种和多倍体育种。利用 DNA 指纹图谱技术进行太子参基因鉴别，研究建立太子参基因库，筛选优良基因选育新品种。种质资源研究和筛选技术壁垒与研发方向参见表 5-1。

表 5-1 种质资源研究和筛选技术壁垒与研发方向

<table>
<tr><th>领域</th><th>技术壁垒</th><th>研发方向</th></tr>
<tr><td rowspan="7">种质资源研究和筛选</td><td rowspan="5">太子参优质种质资源筛选和评价</td><td>对现有太子参种质资源（家种和野生）进行调查摸底</td></tr>
<tr><td>开展不同种源太子参活性物质（多糖、氨基酸、环肽 B）的含量比较研究，从而为优质种源筛选提供微观依据</td></tr>
<tr><td>基于表型性状和药材品质的不同种源对比研究</td></tr>
<tr><td>对种质资源进行农艺性状和质量评价研究——抗逆性评价</td></tr>
<tr><td>对栽培太子参的遗传多样性和质量进行分析研究</td></tr>
<tr><td rowspan="2">核心种质资源保存与管理</td><td>通过遗传学研究，建立核心样品库，保存需优先保存的种质资源</td></tr>
<tr><td>种源遗传多样性与亲缘关系的研究，主要从形态、细胞（染色体）、分子水平进行研究</td></tr>
<tr><td rowspan="3">种苗繁育，复壮传统品种</td><td rowspan="2">组织培养，脱毒种苗</td><td>太子参种苗质量影响因素研究</td></tr>
<tr><td>处理愈伤组织制剂筛选</td></tr>
<tr><td>抗病虫害</td><td>植物诱导抗病性研究</td></tr>
<tr><td>太子参有性繁殖研究</td><td></td><td>种子质量评价标准研究
种子休眠机制及解除休眠研究
种子后熟规律研究
系统生物学特性研究</td></tr>
<tr><td>品种选育、培育</td><td>品种退化</td><td>杂交技术、传统育种技术在太子参上应用</td></tr>
</table>

五、目前已取得的进展

按照太子参种质资源开发利用技术路线图，目前对于太子参优质种质资源筛选和评价的研究中，贵州省主要开展不同种源太子参活性物质（多糖、氨基酸、环肽 B）的含量比较研究，从而筛选优质种源，初步建立了太子参总多糖及总皂苷的含量测定方法。

（一）总皂苷检测

取太子参药材粉末（过四号筛）约 0.2g，精密称定，加入 70%乙醇 40mL 超声提取 0.5h，过滤，水浴，挥干，用 10mL 蒸馏水溶解残渣，上大孔吸附树脂柱（柱内径 1.5cm、高 4cm，D101 型大孔吸附树脂用 95%乙醇浸泡 4h，湿法装柱，继续用 95%乙醇在柱上淋洗至流出液用水稀释不浑浊为止，最后用大量蒸馏水反复洗涤至流出液无明显醇味，浸泡备用），用 50mL 蒸馏水洗掉水溶性杂质，再用 70%乙醇 25mL 洗脱，收集该洗脱液，水浴挥干，用甲醇溶解残渣，定容至 10mL，即得供试品溶液。

使用型号为 UV-2501PC 的紫外-可见分光光度计进行光谱扫描，根据其光谱图可知：对照品在 549nm 处有最大吸收峰，故选择 549nm 作为总皂苷的测定波长。

（二）多糖检测

取太子参药材粉末约 0.1g，精密称定，加 70mL 乙醇用索氏提取器回流提取 2h，滤纸连同药渣置于 100mL 具塞锥形瓶中，加 50mL 蒸馏水，称定质量，加热回流提取 1h，取出，放冷至室温，再称定质量，用水补足减失的质量，摇匀过滤。精密吸取续滤液 1mL，置于 10mL 容量瓶中，加水稀释至刻度，摇匀，再精密量取 1mL，置于具塞的比色管中，精密加入 4%苯酚溶液 1mL，摇匀，再迅速精密加入浓硫酸 5mL，摇匀，置于 40℃水浴中保温半小时，取出，放冷至室温，即得供试品溶液。

取供试品溶液和对照品溶液，显色后，分别采用紫外-可见分光光度计进行光谱扫描，观察其光谱图可知：样品及对照品在 490nm 处均有最大吸收峰，故选择 490nm 作为多糖的测定波长。

（三）贵州太子参栽培种质量标准

比较研究贵州地产栽培种、野生太子参中成分含量的检测结果，提出贵州地产太子参质量限制标准，如表 5-2、表 5-3 所示。根据结果，建议太子参总皂苷含量不得低于 0.10%；太子参总多糖含量不得低于 12.0%。野生种和栽培种太子参的总多糖及总皂苷的含量无明显区别。

表 5-2　太子参环肽 B 限量标准

产地	余庆县白泥镇	贵阳市乌当区新场乡达右村	施秉县牛大场镇牛大场村	施秉县牛大场镇石桥村新寨组	施秉县牛大场镇干山组龙洞坡
含量（%）	0.160	0.176	0.152	0.160	0.123
平均含量（%）	0.154		限量	≥0.123	

表 5-3　太子参总多糖限量标准

产地	余庆县白泥镇	贵阳市乌当区新场乡达右村	施秉县牛大场镇牛大场村	施秉县牛大场镇石桥村新寨组	施秉县牛大场镇干山组龙洞坡
含量（%）	15.77	14.70	13.99	15.41	16.18
平均含量（%）	15.21		限量	12.17	

第二节 太子参栽培技术路线图

绘制太子参栽培技术路线图应先从选择种植区域上着手，解决种植的区划问题。然后，在栽培方法和技术上，重点加强对太子参吸肥规律的研究，开展标准化种植，统一耕种施肥，统一病虫害防治。

一、贵州省太子参种植区划研究

每年太子参的生产均面临产区的扩大和重新选地问题。但盲目引种、扩种会严重影响中药材生产的合理布局，极大削弱药材的道地性，导致药材品质严重下降。需要利用 RS 与 GIS 手段开展太子参产地生态适宜性和区划研究，包括气候因子、土壤（土壤组分、土壤微量元素、土壤结构、土壤酸碱度等）、地形地貌等对太子参生态适宜性的影响，划定出贵州省太子参生长的适宜区、次适宜区和不适宜区。

二、太子参吸肥规律和土壤培肥管理技术研究

在太子参生长过程中长期使用化肥，特别是氮肥，会导致土壤板结、酸化和环境污染，进而造成太子参抗病虫害能力下降，药农对于太子参生长过程中对肥料的需求不清楚，用量、用法上凭经验和经济实力，缺少科学依据。

目前存在的主要问题是对太子参吸肥规律的研究不够，土壤培肥管理技术研究缺乏。需重点加强不同种植区域太子参对肥料的需求情况的研究，以及施肥时间、施肥量和方法的研究。

三、加强太子参连作机制及合理轮作技术研究

目前面临的主要问题是对连作障碍机制的研究不足，因此，应加强对太子参栽培连作机制的研究，探讨轮作技术的实施等。

四、太子参病虫害防治技术研究

目前存在的主要问题是针对太子参病虫害缺少根本性的防治措施，因此，应加强在太子参育种方面的研究，以在源头上解决病虫害问题。

五、建立和完善太子参无公害栽培规范

需因地制宜地系统化研究不同种植方式对太子参活性物质含量的影响，建立、

筛选高效种植和栽培方式；研究太子参精准栽培技术体系，包括精准施肥技术、精准灌溉和病虫害精准防治技术，完善太子参无公害、精准栽培技术规范（表 5-4）。

表 5-4　太子参栽培技术壁垒与研发方向

领域	技术壁垒	研发方向
种植区域选择	种植区域选择	太子参种植区域生态适宜性 外来种生态入侵机制研究 种植区划划分
	农残、重金属超标	无公害栽培规范
栽培	太子参专用复合肥研制	吸肥规律研究 土壤培肥管理技术研究 专用复合肥研制
	栽培方式对太子参产量的影响	连作对太子参产量的影响机制研究 连作障碍机制研究 合理轮作技术研究

六、目前已取得的进展

按照太子参栽培技术路线图，目前在太子参种植区划的研究中，主要开展种植区划划分，从而提高种植质量；在栽培技术方面主要研究了太子参的合理轮作技术和土壤培肥管理技术。

（一）种植区划研究

以贵州省施秉县太子参种植为例，采用经验指数、地统计学、模糊数学法及人工神经网络等方法对复杂地理环境下太子参环境适宜性评价进行对比研究，结合影响优质太子参种植的气象要素、地形因子、土壤条件和社会因素综合评价太子参种植的适宜性。

基于 GIS 平台，采用模糊数学法将地形、年有效积温、年降水量、速效钾、pH、碱解氮、有机质、有效磷多个影响因子栅格图进行空间叠加分析，得到施秉县太子参自然环境适宜性分级结果图（图 5-1）。与此同时，将得到的自然环境适宜性栅格图与坡度图、社会因素栅格图进行模糊叠加，得到最终适宜性分级（图 5-2）。

基于 GIS 平台，对贵州省施秉县太子参产地环境适宜性评价栅格单元图进行重分类，最终在属性表格中通过统计栅格数量计算出不同等级环境适宜性区域面积（表 5-5）。

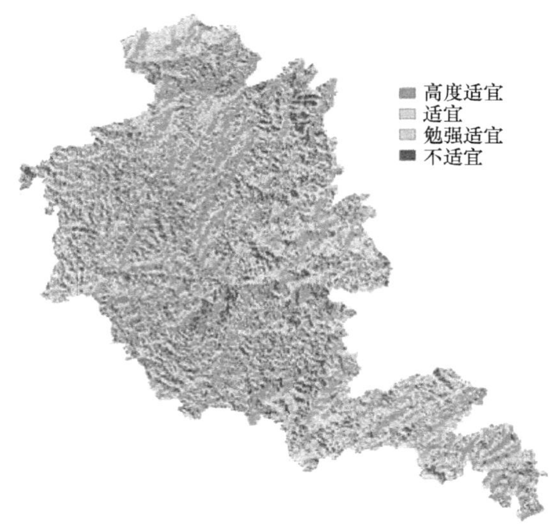

图 5-1 太子参自然环境适宜性分级（彩图请扫封底二维码）

图 5-2 太子参综合环境适宜性分级（彩图请扫封底二维码）

表 5-5 基于模糊聚类分析的环境适宜性评价结果统计

适宜性等级	高度适宜		适宜		勉强适宜		不适宜		总面积（m^2）
	面积（m^2）	比例（%）	面积（m^2）	比例（%）	面积（m^2）	比例（%）	面积（m^2）	比例（%）	
施秉县区域	1 013 760	6.6	3 196 577	20.9	2 588 254	16.9	8 520 989	55.6	15 319 580

不同研究尺度适宜性评价结果存在差异，从类型尺度来讲，研究区有的耕地适宜太子参种植，其中包括高度适宜种植区，有的为适宜种植区，而有的耕地勉强适宜种植太子参，部分耕地不适宜种植太子参。总体上适宜区和不适宜区比例为1∶1。

基于GIS平台，采用人工神经网络将在施秉县的采样点适宜性通过表格连接导入数据库，并输出为带有适宜性属性的样点土层，并基于地统计学分析模块进行空间插值模拟，得到土壤、气候、地形的自然环境适宜性栅格分级，并按照模糊数学聚类分析方法所得各指标权重进行同样的环境影响因子要素层的空间加权叠加分析，获得基于人工神经网络的太子参种植环境适宜性评价结果（图5-3）。

图5-3 基于人工神经网络的太子参种植环境适宜性分级（彩图请扫封底二维码）

基于GIS平台，对贵州施秉县太子参产地适宜性评价栅格单元图进行重分类，最终在属性表格中通过统计栅格数量计算出不同等级环境适宜性区域面积（表5-6）。

表5-6 基于人工神经网络的环境适宜性评价统计

适宜性等级	高度适宜		适宜		勉强适宜		不适宜		总面积（m^2）
	面积（m^2）	比例（%）	面积（m^2）	比例（%）	面积（m^2）	比例（%）	面积（m^2）	比例（%）	
施秉县区域	1 612 390	10.5	4 068 142.5	26.6	1 815 868	11.8	7 823 250	51.1	15 319 650.5

从表 5-6 可以看出，不同研究尺度适宜性评价结果存在差异，从类型尺度来讲，研究区有的耕地面积适宜太子参种植，其中包括高度适宜种植区，有的为适宜种植区，而有的耕地勉强适宜种植太子参，有的耕地不适宜种植太子参。总体上适宜区和不适宜区比例为 1∶1。

（二）太子参产地连作与药材品质关系

太子参产地土壤根区和非根区砂粒（1～0.05mm）含量总体上随着种植年限增加而递增（表 5-7），土壤根区大小顺序如下：轮作＜间作＜套作＜连作 1 年＜连作 6 年＜连作 3 年＜连作 10 年；土壤非根区砂粒＜0.001mm 的大小顺序如下：轮作＜间作＜套作＜连作 1 年＜连作 3 年＜连作 6 年＜连作 10 年。太子参立地土壤中黏粒（＜0.001mm）含量都很少，根区土壤平均黏粒含量为 12.47%～19.03%，非根区土壤黏粒含量为 15.33%～23.84%，说明土壤矿质胶体缺乏，影响土壤团粒结构的形成。从总体来看，土壤质地以壤土为主，根区主要为重壤土，非根区主要为轻壤土。

表 5-7　太子参产地土壤机械组成（%）

种植方式	根区				非根区			
	1～0.05mm	0.05～0.001mm	＜0.001mm	质地	1～0.05mm	0.05～0.001mm	＜0.001mm	质地
轮作	17.63	29.84	12.47	粗粉质重壤土	13.66	22.9	15.33	黏砂质轻壤土
间作	18.16	30.52	13.24	粗粉质重壤土	13.66	22.9	15.89	黏砂质轻壤土
套作	19.77	31.29	14.52	粗粉质重壤土	13.66	22.9	16.14	黏砂质轻壤土
连作 1 年	21.78	35.11	15.29	黏粉质重壤土	16.11	22.19	18.08	粉砂质中壤土
连作 3 年	25.23	33.61	17.83	粗黏粉质重壤土	16.23	23.39	22.03	粉砂质中壤土
连作 6 年	24.73	35.49	18.25	砂粉质重壤土	17.22	24.84	22.98	粉砂质中壤土
连作 10 年	26.86	34.95	19.03	砂粉质重壤土	17.78	23.54	23.84	粉砂质中壤土

土壤容重是土壤的基本物理性质，其大小反映了土壤的质地、结构和有机质含量等综合物理状况。不同种植方式下太子参根区的土壤容重差异不大（表 5-8），其大小排列顺序为：连作 10 年＞连作 6 年＞连作 3 年＞套作＞轮作＞连作 1 年＞间作，容重大小排序为：1.30g/cm^3＞1.29g/cm^3＞1.27g/cm^3＞1.25g/cm^3＞1.23g/cm^3＞1.20g/cm^3＞1.17g/cm^3，其中连作 10 年的种植方式下土壤容重最大。容重降低的原因是 0～20cm 层土壤中根系占总吸收根长的 90%以上，同时土壤表层形成枯枝落叶，腐殖质不断积累，从而改善了通气性和透水性，降低了土壤容重。而种植年限大于 3 年时，土层开始板结，容重增加。非根区土壤容重随着种植年限的增加而增加，由于缺少枯枝落叶层和太子参根系对土壤的穿插，加上人为活动及重力作用，土壤坚实度增加；土壤侵蚀加剧，土壤中细小颗粒和有机质含量减少，土壤结构遭到破坏。

表 5-8 太子参产地土壤容重

种植方式	样本数（个）	土层深度（cm）	根区容重（g/cm^3）	非根区容重（g/cm^3）
轮作	10	0～20	1.23	1.20
间作	10	0～20	1.17	1.24
套作	10	0～20	1.25	1.29
连作 1 年	10	0～20	1.20	1.28
连作 3 年	10	0～20	1.27	1.37
连作 6 年	10	0～20	1.29	1.38
连作 10 年	10	0～20	1.30	1.42

土壤孔隙度综合反映了土壤的通气性、透水性和持水能力等基本物理性能。根区土壤总孔隙度为 45.87%～53.45%（表 5-9），孔隙性非常适宜；毛管孔隙度为 33.24%～42.12%；非毛管孔隙度为 7.92%～12.63%。不同种植方式下太子参立地土壤总孔隙度差异很大，平均总孔隙度为 50.20%，最大值出现在连作 10 年的 53.45%；最小值出现在轮作的 45.87%。随着种植年限的增加，土壤孔隙度不断增加。毛管孔隙度和非毛管孔隙度变化规律不明显。非根区土壤孔隙度变化差异不大，主要受季节变化、人为活动、土壤中杂草等的生物量的影响而发生改变。

表 5-9 太子参产地土壤孔隙度（%）

种植方式	根区			非根区		
	总孔隙度	非毛管孔隙度	毛管孔隙度	总孔隙度	非毛管孔隙度	毛管孔隙度
轮作	45.87	12.63	33.24	43.25	3.54	34.21
间作	48.36	11.8	36.56	42.68	4.36	38.32
套作	51.65	11.06	40.59	42.13	5.55	36.78
连作 1 年	50.97	7.92	42.12	43.07	8.85	34.22
连作 3 年	51.32	10.93	40.28	45.71	9.47	36.24
连作 6 年	51.83	11.84	39.98	43.86	5.94	36.53
连作 10 年	53.45	12.06	40.39	44.13	6.15	37.98

土壤含水量反映了土壤水分条件的优劣。研究结果表明，轮作方式下根区土壤含水量最高（表 5-10），其值分别为 14.94%；根区土壤的含水量总体上随着种植年限的增加而减小，连作 1 年方式下土壤含水量为 14.37%，连作 10 年达到最低值（10.95%）。而非根区土壤含水量随种植年限增加的变化趋势不大，根区土壤较非根区土壤含水量高，说明根系吸收土壤中水分的同时，也促使土壤含水量高于非根区土壤含水量。随着种植年限的延长，非根区土壤的孔隙减少，土壤结构变差，土壤水分的吸持性能降低。

表 5-10 太子参产地土壤含水量（%）

种植方式	根区	非根区
轮作	14.94	10.33
间作	14.6	10.21
套作	14.53	9.43
连作 1 年	14.37	9.55
连作 3 年	13.91	9.99
连作 6 年	13.22	9.12
连作 10 年	10.95	10.05

太子参在 0～20cm 土层的吸收根和输导根生物量最大，各土层的土壤含水量随土层深度的增加而呈增加的趋势，下层土壤水分条件优于上层，而根区土壤水分条件也优于非根区。

土壤 pH 受气候、母质、生物、施肥灌溉等多种因素的影响。不同种植方式下太子参根区土壤 pH 显著低于非根区土壤，平均低 0.22（图 5-4）。不同种植方式下根区 pH 降低程度不同，其中，间作和套作的根区与非根区土壤 pH 的差异较大，其根区 pH 比非根区分别低 0.44 和 0.38，轮作和连作 1 年、3 年、6 年、10 年的太子参根区土壤 pH 与非根区土壤 pH 差异分别为 0.34、0.32、0.26、0.26 和 0.23。

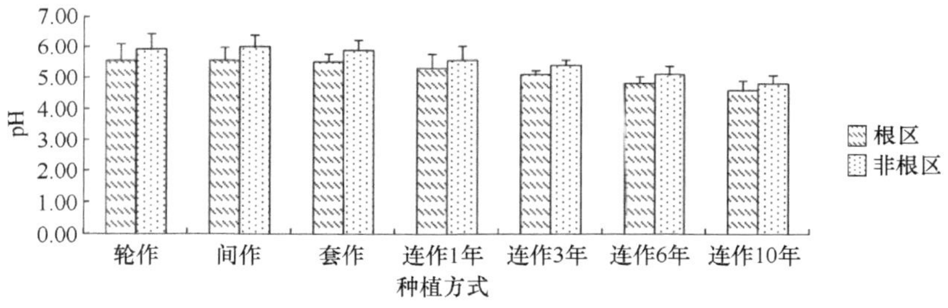

图 5-4 太子参产地土壤 pH 特征

植物根区土壤有机质的含量，在一定程度上代表着土壤中可被植物吸收利用的养分含量。从图 5-5 可知，不同种植方式下根区土壤有机质含量均高于非根区土壤。但连作 1 年的差异不显著，其余种植方式下均呈极显著差异。根区土壤有机质含量依次为轮作>连作 3 年>连作 6 年>套作>间作>连作 1 年>连作 10 年。结果表明，根区土壤有机质含量均高于非根区土壤，根区土壤有机质的富集表明植物的残体及根系脱落物等是土壤有机质的重要来源之一。

不同种植方式下太子参产量排序为轮作>间作>套作>连作 3 年>连作 6 年>连作 10 年。轮作的产量达到 180.32kg/亩，这比产量最低的连作 10 年高 23.9%，连作的产量随时间的增加而减少（图 5-6）。

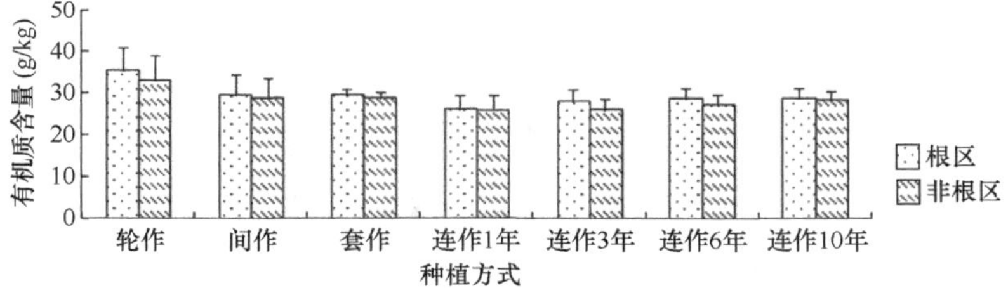

图 5-5　太子参产地土壤有机质含量

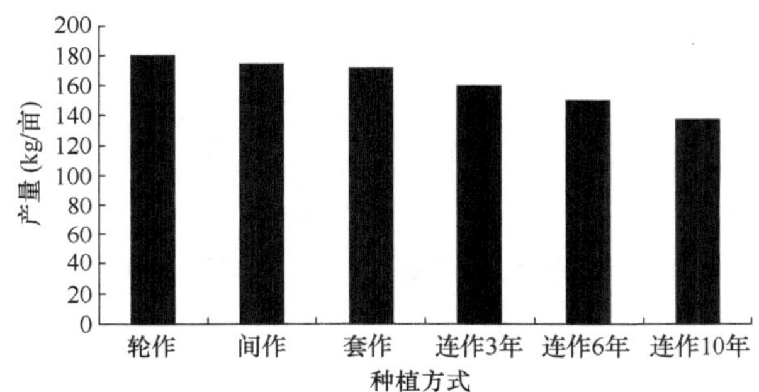

图 5-6　不同种植方式下太子参的产量

多糖和皂苷是评价太子参品质的重要指标，本研究检测了 6 种不同种植方式下太子参中多糖和皂苷的含量。由图 5-7、图 5-8 可以发现，多糖和皂苷含量顺序均为轮作>间作>套作>连作 3 年>连作 6 年>连作 10 年。轮作、间作和套作三种种植方式下多糖和皂苷含量差距不大，并且均明显比连作方式下含量高。轮作所产太子参的多糖和皂苷的含量分别达到 19.29%和 0.29%，比连作 10 年的多糖含量高 25.45%，皂苷含量高 41.38%。在连作方式下，随着连作时间的增长，太子参中多糖和皂苷的含量逐渐降低。这说明，轮作种植方式下太子参的品质最优，连作障碍效应对太子参的品质具有较大的影响。

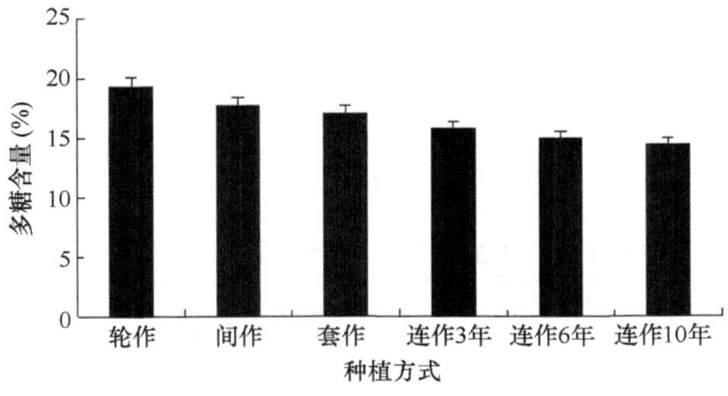

图 5-7　不同种植方式下太子参的多糖含量

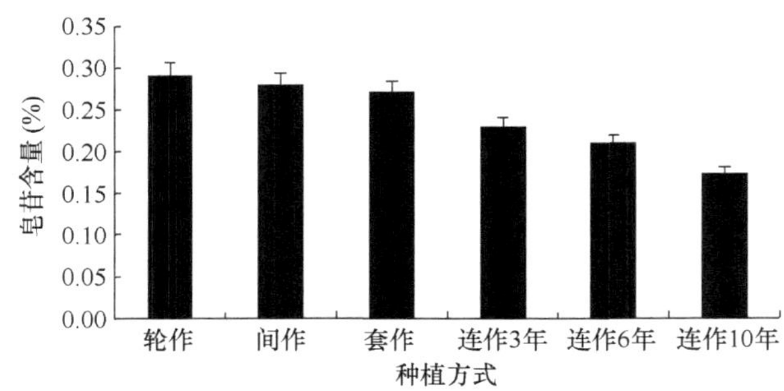

图 5-8　不同种植方式下太子参的皂苷含量

不同种植方式对太子参产量的影响和对其品质的影响一致。这说明，轮作条件下获得的太子参品质和产量都属最优，而连作对其的品质和产量都有较大的影响。

研究表明，太子参的种植方式有套作、间作、轮作和连作 4 种，连作分别采用 1 年、3 年、6 年和 10 年，其中太子参-头花蓼轮作方式为产量提升的最佳种植方式。

太子参适宜的土壤为黄壤，偏酸性（pH 5.4～6.3），山高风大的小气候环境易形成较为干爽的土壤内外环境，不利于病害的滋生和传播，有利于植株健康生长，产量相对较高。

太子参-头花蓼轮作方式为贵州太子参产量提升的最佳耕作方式。间作和套作所产太子参品质、产量与轮作差距不大，连作 10 年比轮作所产太子参的多糖、皂苷和产量都低，连作不利于太子参的种植，连作周期越长，太子参的品质和产量越差。

第三节　太子参生产与流通技术路线图

太子参生产与流通需要提升和攻克的技术主要集中在：太子参药材贮藏、养护技术，太子参生物法、汽爆法等新型炮制技术，太子参产品质量评价技术及太子参生产流通的信息化管理。重点攻破太子参指纹图谱评价技术难点，将太子参商品药材的形状特征与药效成分结合起来，建立贵州太子参产品质量评价标准。太子参生产与流通技术壁垒和研发方向见表 5-11。

表 5-11　太子参生产与流通技术壁垒和研发方向

领域	技术壁垒	研发方向
生产与流通	炮制技术	生物法、气爆法研究
	管理方法	信息化管理技术应用研究
	药材质量评价	指纹图谱评价技术研究

太子参指纹图谱应体现信息获取、信息处理和信息挖掘三方面内容。运用高效液相色谱-紫外线散射检测器（HPLC-UV）、二极管阵列检测器（DAD）、高效液相色谱-质谱联用仪（HPLC-MS）等分析手段，获取太子参化学指纹图谱，并结合药效研究和相关物质成分的分离鉴定，经谱效关系研究，获取太子参药效组分指纹图谱；将太子参化学指纹图谱和太子参药效组分指纹图谱用于太子参复方制剂的质量控制及药物创新等实践中，最终解决太子参质量评价的科学性等中药质量的关键科学问题，建立完备的太子参质量评价体系。

一、贵州省太子参指纹图谱评价方法

太子参主要有效成分为多糖、皂苷、环肽等，贵阳中医学院借助药物分析的手段，对太子参多糖和皂苷含量采用硫酸-苯酚法和香草醛-冰醋酸法，利用紫外-可见分光光度计进行测定，运用 HPCE 法建立贵州太子参指纹图谱。

利用 HPLC 测定太子参中环肽 B 含量的结果表明，太子参环肽 B 在 0.0404～1.414μg/mL 线性关系良好，回归方程为 Y=2990.4X+42.095（r=0.9997），太子参环肽 B 的平均含量为 0.019%，平均回收率为 99.54%，相对标准差（RSD）为 2.11%。

紫外-可见分光光度计测定结果表明，总皂苷在 8.96～40.32μg/mL 线性关系良好，回归方程为 Y=0.0203X+0.0272（r=0.9998），总皂苷的平均含量为 0.441%，平均回收率为 98.99%，RSD 为 2.27%；多糖在 5.73～14.31μg/mL 线性关系良好，回归方程为 Y=0.0572X+0.0641（r=0.9994），多糖的平均含量为 23.968%，平均回收率为 100.102%，RSD 为 2.84%。

利用 HPCE 法建立太子参药材指纹图谱，结果显示，相似度均在 0.90 以上，精密度、稳定性、重复性均符合建立指纹图谱的技术要求，各样品主要色谱峰基本一致，同时也获得了具有代表性的共有模式。

二、太子参产地初加工方法

贵州省生物研究所采用传统加工技术[晒干、阴干、烫后阴干（烫阴）]和现代干燥技术（50℃、60℃、70℃、80℃、90℃、100℃、110℃、120℃）、变温烘干（70～90℃、70～100℃、70～110℃）共 14 种不同加工方法对采集得到的施秉鲜太子参产地初加工技术进行研究。

（一）不同加工方法下太子参加工品质差异

根据《中国药典》（2010 年版）太子参成分含量测定项目，用水分、总灰分、浸出物、太子参环肽 B、外观性状等 5 个指标来表征太子参的品质。不同加工方法下太子参品质显现出明显的差异性。太子参品质指标含量见表 5-12。

表 5-12 太子参品质指标含量

编号	方法	水分（%）	总灰分（%）	浸出物（%）	太子参环肽 B（%）	外观性状
0	标准限值	＜14.0	＜4.0	＞25.0	＞0.02	—
1	晒干	11.15	2.20	47.23	0.020	5
2	阴干	11.68	3.05	47.77	0.025	5
3	烫后阴干	12.21	2.79	49.48	0.017	5
4	50℃	8.81	2.90	40.78	0.018	5
5	60℃	8.27	2.88	42.61	0.015	5
6	70℃	7.48	2.92	42.82	0.018	5
7	80℃	7.78	2.91	46.66	0.020	5
8	90℃	7.49	2.85	49.02	0.019	5
9	100℃	7.07	2.84	50.23	0.019	3
10	110℃	5.19	2.81	52.20	0.023	2
11	120℃	3.45	3.06	52.55	0.033	1
12	70～90℃	7.85	2.91	45.66	0.025	5
13	70～100℃	6.83	2.89	43.41	0.021	2
14	70～110℃	5.07	2.77	44.53	0.027	4

注：太子参外观性状采用专家评分法，设 5 为无空心，4 为少量稍微空心，3 为大多稍微空心，2 为大多空心，1 为完全空心

对于水分、总灰分、浸出物等常规指标来说，全部加工方法均达标。其中浸出物含量平均超过标准限值 1 倍左右。对于太子参的活性成分太子参环肽 B，除烫后阴干、50℃、60℃、70℃、90℃、100℃这几种方法略低于标准限值外，其余方法均达到标准要求。对于外观性状而言，主要是指太子参加工后是否空心化，实验表明当干燥温度超过 100℃后，加工的太子参均出现不同程度的空心化。

（二）不同加工方法下太子参加工效益差异

采用加工时间和最终商品折干率来表征不同加工方法下太子参的加工效益。总体来看，采用传统加工方法如晒干、阴干、烫后阴干加工时间均远大于采用现代干燥技术，晒干耗时 2d，阴干耗时 19d 左右，而采用现代干燥技术其干燥时间基本可控制在 10h 左右（表 5-13）。对于折干率而言，几种方法折干率最高的是采用 70℃，其折干率高达 42.77%，折干率最低的为阴干，为 21.92%。

（三）利用多指标综合评价太子参最佳产地初加工方法

太子参最佳产地初加工方法评价是一个多指标综合评价问题，其由加工品质评价和加工效益评价综合组成。加工品质由常规成分（水分、总灰分、浸出物）、

表 5-13　不同加工方法下太子参加工时间和折干率

编号	方法	加工时间（h）	折干率（%）
1	晒干	96	30.00
2	阴干	192	21.92
3	烫阴	168	22.57
4	50℃	288	40.90
5	60℃	408	35.62
6	70℃	408	42.77
7	80℃	408	35.46
8	90℃	13	33.29
9	100℃	13	35.73
10	110℃	13	33.34
11	120℃	9	30.69
12	70～90℃	8	41.16
13	70～100℃	10	41.70
14	70～110℃	7	41.25

活性成分（太子参环肽 B）和外观性状等具体指标构成，加工效益由加工时间和折干率构成。

（四）综合评价结论

仅从加工后太子参的品质优劣来看（表 5-14），采用 80℃的加工方法是 14 种方法中品质最佳的；从加工效益来看，采用烫阴的方法是 14 种方法中效益最佳的。综合加工品质和加工效益来看，采用 80℃是 14 种方法中最佳的，大体来看，采用 80℃的方法，是太子参产地初加工最优的加工方法。

表 5-14　太子参不同产地初加工方法综合评价结果

加工方法	综合排序	效益排序	品质排序
80℃	1	10	1
90℃	2	12	2
70℃	3	6	3
60℃	4	5	4
阴干	5	2	5
烫阴	6	1	7
50℃	7	4	8
70～110℃	8	8	6
晒干	9	3	10
70～90℃	10	9	9
100℃	11	11	11
70～100℃	12	7	12
110℃	13	13	13
120℃	14	14	14

第四节 太子参产品综合利用技术路线图

系统研究太子参化学成分与其生物活性的相关性（表 5-15），阐明太子参化学成分与药效物质间的关系，才能对太子参这一传统中药的开发产生重要的促进作用。特别是要进一步开展太子参药性成分代谢规律研究，加快太子参临床药品的研发，提升贵州太子参产品附加值，打造地区品牌。

表 5-15 太子参产品综合利用技术壁垒与研发方向

技术领域	技术壁垒	研发方向
药材质量	药材质量控制	药材质量评价指标体系建立 太子参药材产品分级标准
活性成分	活性成分提取	多糖、皂苷、氨基酸、环肽类化合物提取分离技术的优化 活性成分提取流程优化研究
产品研发	传统药效物质基础	建立与太子参传统药效相关的生物效应评价体系，对活性部位采用现代分离分析方法进行物质基础研究
	太子参方剂利用	太子参古方、单方、验方挖掘利用
	太子参多种成分高效利用	药性成分代谢规律研究 保健品开发 中药日化品
药渣	药渣的分解、降解、转化	太子参药渣的生物复合肥开发 微生物菌种培育

一、太子参成分积累、分布规律及适宜采收期研究

近年来，由于贵州省委、省政府对施秉太子参产业的高度重视及大力扶持，施秉太子参的产量逐年增高，质量上乘，现施秉县牛大场镇已经成为西南太子参的第一大集散地，故贵州科学院选择施秉县牛大场镇为太子参样品采集地，开展太子参成分积累、分布规律及适宜采收期研究。

太子参地上部分有倒伏习惯，一般在 7 月下旬、气温高达 30℃时为倒伏期，大部分植株枯黄倒苗后为采收期，施秉县牛大场镇太子参的采收期为 7 月下旬。本次采集太子参地上部分一份（之后为倒苗期，没有地上部分），编号 2013071301，太子参根 7 份，编号分别为 2013071302、2013072301、2013080201、2013081701、2013083101、2013091501、2013093001。

目前，太子参有效成分研究主要有多糖、皂苷、环肽、氨基酸、微量元素、挥发油等的含量测定。2010 年版《中国药典》对太子参环肽 B 的含量规定过限定值，2015 年版《中国药典》中有关太子参药材的质量标准仅对水分、总灰分、浸

出物的含量进行了限量规定，太子参环肽 B 的限量标准已取消。本书编制时依然参考 2010 年版《中国药典》标准，按照高效液相色谱法测定。本品按干燥品计算，含太子参环肽 B 不得少于 0.020%。

太子参采样情况见表 5-16。

表 5-16　太子参样品

采集时间	叶		根	
	采集编号	环肽 B 含量(%)	采集编号	环肽 B 含量（%）
2013 年 7 月 13 日	2013071301	0.005 8	2013071302	0.023 71
2013 年 7 月 23 日			2013072301	0.027 29
2013 年 8 月 02 日			2013080201	0.024 73
2013 年 8 月 17 日			2013081701	0.012
2013 年 8 月 31 日			2013083101	0.014
2013 年 9 月 15 日			2013091501	0.014
2013 年 9 月 30 日			2013093001	0.016
2014 年 7 月 1 日	2014070101	0.005 9	2014070102	0.022 71
2014 年 7 月 15 日	2014071501	0.005 6	20140715021	0.026 39
2014 年 7 月 30 日			2014073001	0.025 64
2014 年 8 月 14 日			2014081401	0.021
2014 年 8 月 29 日			2014082901	0.018
2014 年 9 月 13 日			2014091301	0.013
2014 年 9 月 28 日			2014092801	0.015

通过检测数据可以看出，太子参地上部分环肽 B 的含量较低，太子参环肽 B 含量最高是在地上部分倒苗之后，随着时间的推移，含量有逐渐降低的趋势，8 月以后含量迅速降低，所以，最佳采收期为地上部分枯萎时。另外，在采集中发现，8 月以后病虫害现象严重，有烂根现象，产量降低，故最佳采收期应该在 7 月太子参倒苗后。

二、太子参药材产品分级标准

贵州中医药大学参照《七十六种药材商品规格标准》中对根类药材的评价指标，初步得到太子参药材外观性状指标有长度、上中部直径、中部直径、尾部直径、单个重、50g 块根数、粗长比值（直径与长度的比值）。太子参内在质量评价指标的选择要结合该药材的临床补益功效、《中国药典》质量要求，得到太子参环肽 B 和多糖 2 个指标，此外，收集市场上不同规格等级的商品药材，进行不同指标测量，然后结合统计学分析进行外观指标的筛选和内在质量的评价。统计分析得出，上中部直径、单个重和 50g 块根数可作为太子参商品规格等级标准的外在评价指标，且多糖含量与形态指标同步，可作为太子参质量分级的内外在评价指标。通过分析研究结果，将太子参商品分为选货和统货，结合市场可操作性和实用性原则，将选货调整为一等和二等（表 5-17）。

表 5-17 太子参商品规格等级划分细则（推荐）

规格	等级	性状共同点	性状区别点
选货	一等	干货。长纺锤形，较短，直立。表面黄白色，少有纵皱纹，饱满，凹陷处有须根痕。质硬，断面平坦，淡黄白色或类白色。气微，味微甘。无须根、杂质、霉变	个体较短，上中部直径 0.4cm 以上，单个重 0.4g 以上，每 50g 块根数 130 个以内，个头均匀
	二等		个体较长，上中部直径 0.3cm 以上，单个重 0.2g 以上，每 50g 块根数 250 个以内，个头均匀
统货		干货。细长纺锤形或长条形，弯曲明显。表面黄白色或棕黄色，纵皱纹明显，凹陷处有须根痕。质硬，断面平坦，淡黄白色或类白色。气微，味微甘。上中部直径 0.3cm 以下，单个重 0.2g 以下，每 50g 块根数 250 个以上。有须根，长短不均一。无杂质、霉变	

第六章　贵州省太子参产业发展保障措施

第一节　政府引导，加快产业标准体系建设

设置太子参的专门管理机构，从太子参栽培、加工、销售各环节实行许可证制度。设立太子参产业的专项扶持资金，主要用于太子参的精深产品开发、龙头企业和太子参重点项目的扶持。

政府主导组织制定出统一规格的太子参种植、加工工艺标准和太子参药材质量标准。在当前的种植规范基础上，进一步加强现代化、科学化的种植标准研究，并严格推广和执行。建立太子参种植分级区划，对第一级别的原产地太子参进行管理和扶持。限定产量和质量标准，统一进行授权标识（原产地证明商标）管理，逐步探索品牌战略塑造的路径。

太子参加工厂应采用当今国内外先进的科技成果、工艺技术与配套的太子参加工的先进设备，逐步完善太子参加工工艺，使太子参加工现代化、自动化、科学化。规范市场秩序，建立太子参药材统一的产品质量标准。

第二节　建立太子参产学研结合的组织机制

整合科研资源，创新科研体系，强化支撑作用。加强太子参产业的产学研合作，贵州省科学技术厅主导成立贵州省太子参产业技术创新联盟，以联盟的形式整合太子参产业上、中、下游相关主体开展技术研发、成果共享及产品的推广利用，探索创立以企业为主体、市场为导向、产学研结合的创新机制和创新体制，培养一批既懂科技又懂经营与管理的人才尤为重要，建立一批设备先进、具有特色、开放性的专业实验室，聘请与吸收国内外优秀研究人员，开展国际或国内各部门间的合作研究，填补国内重要的空白领域或增强薄弱环节，鼓励外省医药研究开发机构在贵州建立合作研究机构。

加大科技投入，开展中药材产业项目申报、科研合作、种子选育和提纯复壮、规范化种植、病虫害防治技术等工作。突破目前制约和影响太子参产业发展的一批关键技术。加快成果转化，依托省科研院校，搭建施秉太子参新产品、新技术开发和转化平台。

积极宣传推介贫困地区中药材产品，组织企业参加国内外各种中药博览会、

药品展销会、中医药产业发展大会、主要产品文化节、中医药研讨会等活动。按照国家有关规定，对在中药材产业扶贫工作中做出突出贡献的单位和个人予以表彰。在主流媒体开辟专栏、专题节目，利用微信、微博等新媒体加强宣传推广，营造全社会共同关心和支持中药材产业精准扶贫的良好氛围。

第三节　建立太子参产业园区，深化产业发展模式

按照扶优促强和建立现代企业制度的要求，扶持市场前景好、辐射带动能力比较强的龙头企业，争创国家级的龙头企业，打造行业旗舰，提高施秉太子参产业化的整体水平。重点引导贵州三泓药业股份有限公司、贵州省施秉县大富祥药业有限公司等企业加强与省科研院校合作，着力开发中药材新产品，进一步延伸中药材产业链。加大招商引资力度，引进一批中药材加工企业，进行中药饮片、中药提取物加工和民族医药制造，延长产业链，提高附加值，从根本上改变中药材产业的以种植为主的生产模式，使其向以深加工为主的生产模式转变。一是做好对现有企业的服务；二是加强同省内外药企的联系，引进大型药企到贵州省采取企业+基地+农户或企业+合作社+基地等模式建企业产业基地，建立产、加、销的发展模式。

建立“定制药园”。开展“百企帮百县”活动，推动百家以上医药企业到贫困县设立“定制药园”作为原料药材供应基地。鼓励公立中医医院优先采购以“定制药园”中药材为主要原料的药品（含中药饮片）。

在太子参应用领域，太子参除药用外，在食用、保健、养颜护肤、美发等领域还有很大空间，此外，还要打开太子参进入食品的禁锢，积极开展太子参进入新资源食品的申报工作。

同时，要建设太子参产业园区，推进龙头企业和生产源头的对接，不断完善参业的产业化组织形式和利益连接机制，构建“企业+合作组织+基地带农户”的产业化模式。大幅度提高参农进入市场的组织化程度，加快培育和发展高科技企业，加大太子参高中端产品的开发力度，提高太子参产业的附加值和产业的整体竞争能力。

第四节　建立太子参产业信息平台

总结的太子参及其制剂的化学成分、药理作用、毒副作用等研究开发成数据库，收集、整理国际市场需求和各国医药法规及专利情况，建立国内国际市场信息数据库，组成信息系统。充分利用信息技术，构建创新平台，加强系统挖掘，实现太子参产业的跨越式发展。

建设综合服务平台。充分发挥农业服务中心、中药原料质量监测信息和技术服务中心（站）等服务机构的作用，为中药材产业精准扶贫提供服务。在贫困地区打造一批服务平台，构建种植、加工、研发、销售服务一体化的综合服务体系。

发展信息服务平台。鼓励贫困地区建立中药材产地电子交易中心，利用知名网络营销媒体，拓展中药材电商营销渠道。在中药材主产区建设一批中药材种植信息监测站，逐步构建贫困地区中药材种植溯源体系。

构建技术培训平台。对各级技术推广机构和技术人员开展培训，建立农技服务精准到户机制，确保中药材种植贫困户中至少有 1 名成员掌握规范化种植技术，鼓励中医药院校在贫困地区建立教学实验培训基地。

第五节　建立健全中药材产业化可持续发展机制

加大中药材推广经费投入。鼓励乡土技能人才建立中药材科技示范基地，达到“一村一示范，一村一品种”的推广示范效果，着力为农民发展中药材种植提供学习平台。依托科技特派员、农村技能人才、实用人才等现有基层人才，每年度开展 1～2 次的全县中药材种植经验交流会、技术提升培训会，从而将先进种植技术快速地传达到农民手中。积极支持组织药企、合作组织在全国主要药市设立产品宣传推荐窗口；鼓励药企、合作组织参加全国性的中药材专题博览会，努力提高产品知名度和影响力。

促进综合利用。推动以药食两用中药材为主要原料的健康类产品的产业化开发生产。支持企业开发以中药材为主要原料的功能性食品、保健食品、化妆品、添加剂、日用品、植物提取物等产品，提高贫困地区中药材的综合利用率和附加值。鼓励对“传统非药用部位”、药材及饮片加工过程中的下脚料等废弃物开展再生利用研究。

推动业态融合。开发一批具有地域特色的中医药健康旅游产品和线路，建设一批国家中医药健康旅游示范基地，推动中药材种植基地建设与乡村旅游、文化推广、生态建设、健康养老等产业深度融合。

参 考 文 献

蔡旭滨, 陈凌锋, 吴晓晴, 等. 2017. 太子参茎叶多糖联合枯草芽孢杆菌对断奶仔猪生长性能及免疫功能的影响. 家畜生态学报, 38(11): 32-37.

产业网. 2013. 2013 年中国太子参产业发展概况. 中国产业信息网, http://www.chyxx.com/industry/201305/205183.html [2020-3-20].

陈家从. 2011. 太子参食用开发的初步论证研究. 中国医药指南, 9(9): 7-8.

陈家从. 2011. 太子参食用开发研究与展望. 中国食物与营养, 17(3): 72-74.

陈建祥. 2011. 影响施秉县太子参栽培的因素及高产栽培技术. 农技服务, 3: 346-347.

陈建祥, 王飞, 左群. 2011. 贵州省施秉县太子参生产存在问题与高产栽培关键技术. 农技服务, 2: 231-232.

陈凌锋, 蔡旭滨, 檀新珠, 等. 2017. 太子参茎叶多糖对断奶仔猪肠道免疫功能、肠黏膜形态结构及盲肠内容物菌群的影响. 动物营养学报, 29(3): 1012-1020.

崔翠林. 2003. 消炎丸治疗慢性盆腔炎 200 例. 陕西中医, 24(5): 391-392.

戴军, 姚后军, 张九玲, 等. 2014. 太子参超低温脱毒及规模化组培育苗技术. 生物学杂志, 31(3): 84-87.

戴林泉. 2013. 自毒物质介导太子参根际微生态功能劣化研究. 福州: 福建农林大学硕士学位论文.

国家药典委员会. 2010. 中华人民共和国药典(一部). 北京: 中国医药科技出版社.

国家药典委员会. 2015. 中华人民共和国药典(一部). 北京: 中国医药科技出版社.

洪身英, 姚振平, 袁明. 1996. 太子参临床应用之研究. 中医药动态, 2: 21.

黄冬寿. 2011. “柘荣太子参”产业现状与发展思路. 农业科技通讯, (11): 21-22.

江维克, 周涛. 2016. 太子参产业发展现状及其建议. 中国中药杂志, 41(13): 2377-2380.

蒋苏苏, 金丽娜, 敬淑燕, 等. 2017. 添加中药渣对全株玉米青贮感官和发酵品质及营养成分的影响. 草业科学, 34(9): 1947-1954.

康传志, 周涛, 郭兰萍, 等. 2016. 全国栽培太子参生态适宜性区划分析. 生态学报, 36(10): 2934-2944.

康传志, 周涛, 江维克, 等. 2016. 根类药材商品规格等级标准研究模式探讨. 中国中药杂志, 41(5): 768-775.

康传志, 周涛, 江维克, 等. 2016. 野生太子参的生态适宜分布区划. 贵州农业科学, 44(7): 96-100.

李湘, 张岚, 李超. 2016. 太子参繁殖与栽培技术研究进展. 现代农业科技, 4: 63-66.

梁婷婷, 周英, 林冰, 等. 2013. 太子参多糖的水提醇沉工艺研究. 山地农业生物学报, 1: 79-82.

林丛发, 钟爱清, 魏泽平, 等. 2002. 太子参组培快繁技术研究初报. 福建农业科技, 6: 22.

林光美. 2004. 太子参品种栽培特性及其高产配套技术. 福州: 福建农林大学硕士学位论文.

林泗定. 2011. 太子参镇咳药效活性研究. 福州: 福建中医药大学硕士学位论文.

刘海新, 马浩, 黄海娟, 等. 2014. 中药药渣的综合利用研究进展. 发酵科技通讯, 43(1): 30-32.

刘红, 林昌虎, 张清海, 等. 2015. 贵州施秉牛大场太子参基地土壤重金属的空间特征. 贵州农业科学, 3: 147-151.

刘克强, 张龙辉, 陈凌艳, 等. 2013. 太子参叶片挥发性有机物的抑菌效果. 亚热带农业研究, 9(4): 247-250.

刘萍, 张海英. 2002. 试论中药药渣的合理利用. 新疆中医药, 20(6): 49.

刘焱选, 白慧东, 蒋桂英. 2007. 中国精准农业的研究现状和发展方向. 中国农学通报, 23(7): 577-582.

罗忠圣, 黄秀萍, 周镁, 等. 2013. 贵阳市商品太子参多糖的提取及含量测定. 安徽农业科学, 14: 6251-6253.

马雪梅, 吴朝峰. 2011. 太子参组培苗规范化种植生产技术规程. 广东农业科学, 22: 23-25.

缪伏荣, 董志岩, 刘景. 2015. 太子参茎叶作饲料原料的营养价值分析. 福建农业学报, 30(9): 841-844.

宁德市农业局. 2009. 柘荣太子参入选“甲型流感”中药方. 福建农业, (7): 36.

彭益书, 陈蓉, 杨瑞东, 等. 2014. 贵阳市乌当区太子参及其种植土壤中 14 种元素含量与道地性. 贵州农业科学, 11: 109-113.

彭益书, 陈蓉, 杨瑞东, 等. 2015. 乌当区太子参环肽 B 含量及其与元素含量的相关性. 西南农业学报, 1: 274-278.

强静, 房克慧, 刘训红, 等. 2009. 太子参多糖含量分析及其动态研究. 时珍国医国药, 20(9): 2238-2240.

秦维. 2017. 贵州太子参产地环境适宜性评价方法的研究. 贵阳: 贵州大学硕士学位论文.

沈祥春, 陶玲, 喻斌, 等. 2007. 太子参对心肌梗死后慢性心衰大鼠的保护作用及对基质金属蛋白酶的影响. 贵州科学, 25(B05): 407-415.

盛柳青, 罗国海, 陈菲, 等. 2009. 不同加工法的太子参多糖含量比较研究. 中药材, 32(1): 33.

宋吉青, 王继振, 王红丹. 2001. 文登市培育出太子参新品种——抗毒一号. 中国农技推广, 6: 27.

宋荣浩, 濮祖芹. 1994. 太子参病毒的防治途径. 上海农学报, 10(4): 59-62.

苏家宜, 印遇龙, 王占彬, 等. 2008. 发酵中药渣对断奶仔猪生长性能生化指标和抗氧化指标的影响. //侯永青. 中国畜牧兽医学会动物营养学分会第十二次动物营养学术研讨会论文集. 武汉: 170.

覃容贵, 罗忠圣, 钱志瑶, 等. 2015. 土壤肥力与太子参药材质量的相关性分析. 广东农业科学, 22(2): 27-61.

陶玲, 彭佼, 范晓飞, 等. 2012. 太子参粗多糖对大鼠急性心肌梗死诱发心肺损伤的保护作用. 中华中医药杂志, 8: 2079-2082.

王汉琪. 2015. 不同栽培措施对太子参活性成分的影响. 福州: 福建农林大学硕士学位论文.

王维亮. 1996. 真空膨化太子参系列产品制法. 适用技术市场, 8: 21-22.

王文凯, 贾静, 丁仁伟, 等. 2011. 太子参近年研究概况. 中国实验方剂学杂志, 17(12): 264-267.

王正, 王珍, 王永林, 等. 2013. 贵州施秉太子参的重金属含量与有机氯农药残留分析. 贵州农业科学, 6: 93-96.

温学森, 霍德兰, 赵华英. 2003. 太子参常见病害及防治. 中药材, 26(4): 243-245.

吴知桂. 2012. 太子参的应用概述及价格上涨的原因分析. 北方药学, 9(2): 32-33.

武孔云, 谢彩香, 黄林芳, 等. 2017. 贵州省太子参适生地等级划分的研究. 中国农业资源与区划, 38(10): 81-86, 106.
肖承鸿. 2013. 太子参种质资源评价及种子质量标准研究. 贵阳: 贵阳中医学院硕士学位论文.
肖承鸿, 江维克, 周涛, 等. 2016. 贵州太子参新品种“施太 1 号”的选育及推广. 中国中药杂志, 41(13): 2381-2385.
肖承鸿, 周涛, 江维克, 等. 2014. 栽培太子参的遗传多样性与质量分析. 中草药, 45(9): 1319.
徐立, 陶玲, 喻斌, 等. 2008. 太子参多糖对 LPS 诱导原代培养心肌细胞损伤的保护作用. 中药药理与临床, 6: 46-48.
徐雪琴, 龙全江, 赵剑. 2014. 太子参化学成分、药理作用与产地加工技术研究. 现代中药研究与实践, 28(4): 73-75.
许键, 朱芙蓉, 李明. 2007. 贵州省余庆县太子参基地土壤环境质量监测与评价. 第二届全国农业环境科学学术研讨会论文集, 7: 153-155.
闫亮, 秦民坚, 贺定翔, 等. 2005. 太子参多糖及皂苷的积累动态研究. 现代中药研究与实践, 19(6): 10-13.
严胜泽. 2017. 太子参多糖对环磷酰胺所致免疫损伤小鼠的保护作用研究. 福州: 福建农林大学硕士学位论文.
晏春耕. 2008. 药用植物太子参的研究及其应用. 现代中药研究与实践, 22(2): 61-65.
杨昌贵, 周涛, 肖承鸿, 等. 2014. 不同种源太子参生物量与太子参环肽 B 含量的分析. 贵阳中医学院学报, 1: 14-16.
杨华, 郑桂云, 左群, 等. 2011. 贵州黔东南太子参产业发展的制约因素及解决途径. 耕作与栽培, 6: 4-5.
杨徐航. 1994. 太子参的功效特点. 陕西中医函授, 5: 16.
杨卓飞. 2005. 太子参新品种“柘参 1 号”的选育与栽培技术. 福建热作科技, 30(3): 31, 34.
姚德, 吴书宝. 2007. 沭研 1 号脱毒太子参栽培方法. 科学种养, (1): 30.
姚勇, 李萍, 王德群, 等. 2004. 宣州太子参优质高效栽培技术. 耕作与栽培, 232: 60-61.
姚勇, 孙允. 2005. 富硒太子参的开发利用. 安徽科技, 4: 24-25.
姚勇, 王德群. 2005. 太子参新品种——宣参 1 号特征特性与栽培技术. 农业科技通讯, (11): 32.
叶华香, 吴琼, 李明, 等. 2005. 贵州省黄平县太子参基地土壤环境质量监测与评价. 贵州农业科学, 6: 38-39.
袁济端. 2007. 太子参新品种柘参 1 号、柘参 2 号的选育. 广西热带农业, 6: 39-41.
袁婧, 李金玲, 刘宇鹏, 等. 2014. 不同生长期太子参根际土壤的理化性质及微生物数量. 贵州农业科学, 10: 138-143.
袁琳. 2009. 废弃植物纤维资源中药香茶菜药渣制浆造纸性能研究. 杭州: 浙江理工大学硕士学位论文.
曾丽娜. 2013. 高质量太子参栽培技术及其连作障碍自毒机制的研究. 福州: 福建农林大学硕士学位论文.
曾艳萍, 刘训红, 朱育凤, 等. 2008. 土壤无机元素对太子参道地性的影响. 南京中医大学学报, 3: 176-180.
张国辉, 王龙, 任永权, 等. 2015. 贵州省黔东南州太子参立枯病的病害分析及生防初探. 中国农学通报, 31(11): 205-209.
张卫峰, 李亮科, 陈新平, 等. 2009. 我国复合肥发展现状及存在的问题. 磷肥与复肥, 24(2): 14-16.

赵德贵. 2005. 老少皆宜太子参. 药膳食疗, 8: 44-46.
赵振坤, 王淑玲, 丁刘涛, 等. 2012. 中药药渣再利用研究进展. 杭州师范大学学报, 11(1): 38-42.
朱艳, 周小华, 秦民坚. 2005. 太子参病毒及其脱病毒研究进展. 中国野生植物资源, 24(2): 31-32, 38.

附件 1 贵州省太子参相关专利列表

名称	申请号	申请日	专利类型	申请人	法律状态
一种太子参粉袋泡茶	CN201410170374.8	2014-4-25	FM	贵州三泓药业股份有限公司	审中
一种太子参保健酒	CN201410170289.1	2014-4-25	FM	贵州三泓药业股份有限公司	审中
一种复方太子参芳香油	CN201410170205.4	2014-4-25	FM	贵州三泓药业股份有限公司	审中
一种太子参绿茶饮品	CN201410170488.2	2014-4-25	FM	贵州三泓药业股份有限公司	审中
一种太子参黑茶饮品	CN201410170358.9	2014-4-25	FM	贵州三泓药业股份有限公司	审中
一种太子参益气补肾的饼干及其制备方法	CN201410170472.1	2014-4-25	FM	贵州三泓药业股份有限公司	审中
太子参的种植及分株方法	CN201410170459.6	2014-4-25	FM	贵州三泓药业股份有限公司	审中
一种太子参种植方法	CN201410170372.9	2014-4-25	FM	贵州三泓药业股份有限公司	审中
一种果林中种植太子参的方法	CN201410170339.6	2014-4-25	FM	贵州三泓药业股份有限公司	审中
一种太子参营养冲剂	CN201410170208.8	2014-4-25	FM	贵州三泓药业股份有限公司	审中
一种刺梨饮固体保健饮料及其制备方法	CN201410168893.0	2014-4-25	FM	贵州三泓药业股份有限公司	审中
一种太子参保健饮料的制备工艺	CN201410170296.1	2014-4-25	FM	贵州三泓药业股份有限公司	审中
一种鲜太子参蜜片及其制备方法	CN201410170478.9	2014-4-25	FM	贵州三泓药业股份有限公司	审中
一种太子参养胃的营养粉及其制备方法	CN201410170392.6	2014-4-25	FM	贵州三泓药业股份有限公司	审中
一种太子参三七茶的制备方法	CN201410171485.0	2014-4-28	FM	贵州三泓药业股份有限公司	审中
太子参种质资源圃的建设方法	CN201410170329.2	2014-4-25	FM	贵州三泓药业股份有限公司	审中
一种太子参养生酒的制备工艺	CN201410171469.1	2014-4-28	FM	贵州三泓药业股份有限公司	审中
一种太子参葛粉速溶饮料及其制备方法	CN201410171484.6	2014-4-28	FM	贵州三泓药业股份有限公司	审中
一种太子参菠萝饮料及其制备方法	CN201410171481.2	2014-4-28	FM	贵州三泓药业股份有限公司	审中
太子参良种繁育圃的建设方法	CN201410170345.1	2014-4-25	FM	贵州三泓药业股份有限公司	审中

续表

名称	申请号	申请日	专利类型	申请人	法律状态
金钗石斛含片及其制备方法	CN201410206120.7	2014-5-16	FM	赤水市丹霞生产力促进中心有限公司	审中
一种太子参绿壳鸡蛋固体饮料的制备方法	CN201410152245.6	2014-4-16	FM	贵州三泓药业股份有限公司	审中
一种太子参切片的制备方法	CN201410152249.4	2014-4-16	FM	贵州三泓药业股份有限公司	审中
一种太子参的保鲜方法	CN201410152113.3	2014-4-16	FM	贵州三泓药业股份有限公司	审中
一种太子参芝麻糖的制备方法	CN201410152177.3	2014-4-16	FM	贵州三泓药业股份有限公司	审中
一种太子参的扦插繁育方法	CN201310742279.6	2013-12-30	FM	贵州昌昊中药发展有限公司	审中
一种中药酱油的配方及其制作方法	CN201210216261.8	2012-6-28	FM	黄平县润发药业农民专业合作社	审中
一种鱼参糕的配方	CN201310407772.2	2013-9-10	FM	施秉县天籁农产品有限公司	审中
一种太子参苗床	CN201320458533.5	2013-7-30	XX	贵州大学	授权
一种金钗石斛片剂及其提取、制备方法	CN201310398430.9	2013-9-4	FM	贵州仙草生物科技有限公司，西华大学	审中
一种治疗冠心病的苗药	CN201310380285.1	2013-8-28	FM	贵州鸿德中药开发有限公司	审中
热淋清颗粒药材头花蓼的种植方法	CN201310406732.6	2013-9-9	FM	贵州威门药业股份有限公司	审中
太子参酒制作方法	CN201210153678.4	2012-5-17	FM	黄平县润发药业农民专业合作社	审中
一种太子参茶的制备方法	CN201310410871.6	2013-9-11	FM	贵州省施秉县富康源农业科技发展有限公司	审中
一种治疗糖尿病的中成药及其制作方法	CN201310119098.8	2013-4-8	FM	杨家骥	审中
太子参总苷的制备方法及其在制备预防和治疗心肌缺氧、缺血药物中的用途	CN201210421291.2	2012-10-30	FM	贵阳医学院	审中
一种黄芪制剂的制备方法	CN201210543577.8	2012-12-14	FM	贵州信邦制药股份有限公司	审中
一种太子参有性繁殖的方法	CN201210450980.6	2012-11-12	FM	贵阳中医学院，贵州三元太宝实业股份有限公司	授权
以三穗鸭制作老鸭汤的方法	CN201210345423.8	2012-9-18	FM	贵州千里山生态食品股份有限公司	授权
包装盒（施秉太子参）	CN201230214574.0	2012-5-31	WG	贵州三元太宝实业股份有限公司	授权
一种快速解除太子参种子休眠状态及发芽检验的方法	CN201210187273.2	2012-6-8	FM	贵阳中医学院，贵州三元太宝实业股份有限公司	授权
一种太子参的种植方法	CN201210133181.6	2012-5-3	FM	贵州玉清生物科技开发有限公司	撤回

续表

名称	申请号	申请日	专利类型	申请人	法律状态
食品包装盒（太子参老鸭汤）	CN201230184568.5	2012-5-21	WG	贵州千里山生态食品股份有限公司	授权
一种太子参脱毒组培繁育方法	CN201110434688.0	2011-12-22	FM	贵州昌昊中药发展有限公司，贵州黔草堂中药有限公司	驳回
包装盒（且兰太子参）	CN201130502387.8	2011-12-28	WG	贵州省黄平县乐源旅游特色食品厂	未缴
一种降血糖药物及其制备方法	CN201110247727.6	2011-8-26	FM	贵州信邦制药股份有限公司	审中
一种太子参保健饮料的检测方法	CN201110176370.7	2011-6-27	FM	贵州三元太宝实业股份有限公司	授权
一种白术保健饮料及其制备方法	CN201010301057.7	2010-2-2	FM	贵州三元太宝实业股份有限公司	授权
太子参颗粒的制备方法及其产品	CN201010301056.2	2010-2-2	FM	贵州三元太宝实业股份有限公司	授权
治疗心肾阴虚的更年期综合征的中药制剂及其制备方法	CN200810303708.9	2008-8-13	FM	贵阳中医学院	授权
一种保健饮料及其制备方法	CN200810303712.5	2008-8-13	FM	江维克	驳回
太子参在制备治疗心血管疾病药物中的应用	CN200610201099.7	2006-11-16	FM	沈祥春	撤回
治疗糖尿病的降糖甲制剂及其制备方法和质量控制方法	CN200610200757.0	2006-7-28	FM	贵州泰尔医药研究所	授权
一种太子参的规范化种植方法	CN200410040477.9	2004-8-14	FM	贵州省黔东南州信邦中药饮片有限责任公司	未缴
治疗肺门淋巴结核的药物组合物及其制备方法	CN200410040324.4	2004-7-26	FM	石开华	未缴
消炎止咳的胶囊及其制备方法	CN200410021810.1	2004-2-12	FM	张中强	撤回
一种治疗胃部疾病的药物	CN02127978.0	2002-11-28	FM	贵州科福丽康制药公司	授权
治疗糖尿病的中成药	CN02134194.X	2002-11-26	FM	贵州家诚药业有限责任公司	驳回
一种治疗糖尿病的药物	CN02134113.3	2002-11-16	FM	贵州和仁堂药业有限公司	授权
一种治疗脑血栓及偏瘫疾病的药	CN95100125.6	1995-1-13	FM	王渊	撤回
一种太子参止咳平喘中药制剂	CN201410170310.8	2014-4-25	FM	贵州三泓药业股份有限公司	审中
一种太子参宣肺止咳口服液	CN201410170489.7	2014-4-25	FM	贵州三泓药业股份有限公司	审中
一种太子参保健口服液	CN201410170277.9	2014-4-25	FM	贵州三泓药业股份有限公司	审中

续表

名称	申请号	申请日	专利类型	申请人	法律状态
一种太子参干燥装置	CN201410169474.9	2014-4-25	FM	贵州三泓药业股份有限公司	审中
一种太子参栽培方法	CN201410170274.5	2014-4-25	FM	贵州三泓药业股份有限公司	审中
一种太子参保健白茶的制备工艺	CN201410170288.7	2014-4-25	FM	贵州三泓药业股份有限公司	审中
一种可产绿壳鸡蛋的鸡饲料	CN201410170375.2	2014-4-25	FM	贵州三泓药业股份有限公司	审中
一种健脾太子参腐竹及其制备方法	CN201410170370.X	2014-4-25	FM	贵州三泓药业股份有限公司	审中
一种太子参药材或原植物的快速分子鉴别方法	CN201410206387.6	2014-5-15	FM	贵阳中医学院，贵州三泓药业股份有限公司	审中
治疗糖尿病的药物	CN201110330663.6	2011-10-27	FM	彭竹妍，丁睿旖	授权

注：FM 为发明专利，XX 为实用型专利，WG 为外观设计专利。

附件 2　贵州省 2018 年太子参人工种植面积及分布

序号	地区	累计种植面积（亩）	累计产量（t）	平均出田价（元/kg）	累计产值（万元）
1	贵阳市	7 504	1 930.30	—	7 706.00
2	六盘水市	477	61.25	—	245.00
3	遵义市	23 616	3 775.59	53.55	11 342.25
4	安顺市	1 603	137.50	151.00	973.65
5	毕节市	4 510	436.75	—	2 558.45
6	铜仁市	19 653.4	4 692.24	30.00	12 686.79
7	黔西南州	—	—	—	—
8	黔东南州	209 953.23	58 765.54	23.05	146 917.99
9	黔南州	67 997.01	17 710.80	80.00	45 174.36
合计		335 313.64	87 509.97	24.81	227 604.49

附件 3　贵州省重点县及深度贫困县中药材产业脱贫计划表

序号	重点县	适宜重点发展品种	规划面积（万亩）	覆盖农户数（人）	带动贫困人口（人）
1	六枝特区	桔梗、灯盏细辛、矮秆银杏、太子参、丹参	2.5	12 500	6 250
2	水城县	刺梨、矮秆银杏、灯盏细辛、太子参、半夏	4	20 000	10 000
3	普定县	丹参、太子参	1.5	7 500	3 750
4	玉屏县	头花蓼、太子参、其他	0.8	4 000	2 000
5	沿河县	铁皮石斛、太子参、何首乌、半夏、苦参、其他	4	20 000	10 000
6	晴隆县	艾纳香、苦参、何首乌、太子参、其他	3	15 000	7 500
7	龙里县	刺梨、太子参、其他	1	5 000	2 500
8	惠水县	太子参、皂角刺、其他	1	5 000	2 500
9	三都县	铁皮石斛、天麻、太子参、何首乌、其他	2	10 000	5 000
10	施秉县	太子参、何首乌、头花蓼、白芨、其他	3	15 000	7 500
11	黄平县	太子参、何首乌、白芨、其他	3	15 000	7 500
12	从江县	桔梗、薏苡、太子参、刺梨、铁皮石斛、其他	3.5	17 500	8 750
13	榕江县	太子参、其他	2	10 000	5 000
合　计			31.3	156 500	78 250

附件 4　太子参历史价格周期

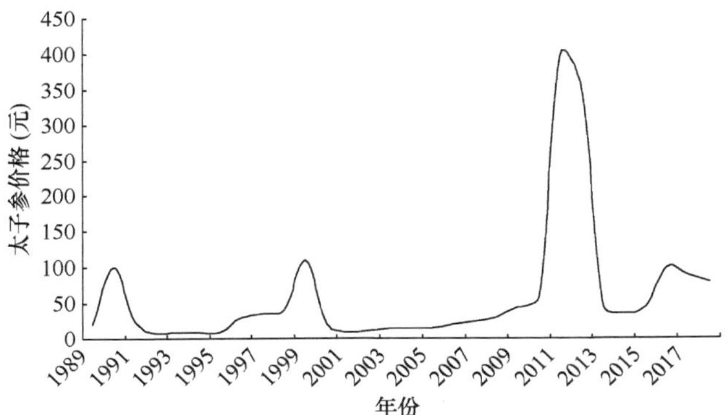